「やらないこと」を決めよう。

アスコム編集部 編

アスコム

「やらないこと」を決めれば、人生が動き出す

あなたの毎日は、「やりたいこと」と「やりたくないこと」のどちらが多いですか?

多くの人は、「やりたくないこと」の方が多い、と答えるのではないでしょうか。

「やる気の起きない仕事」「面倒な家事」「気の進まない人付き合い」など——。

本当はもっと充実した日々を送りたいと思っているのに、「やらなければいけないこと」がたくさんあって、なかなか上手くいかない…と思っている人は多いと思います。

では、「やりたいこと」の割合を増やすには、どうすればいいのか。

それは、「やらないこと」を決めることです。

「やらないことを決める」ということは、「やることとやらないことを明確にする」

ことでもあります。**やること・やらないことが自分の中ではっきりすれば、自分にとって本当に大事なことや、やりたかったことに時間やパワーを集中させることができるようになるのです。**

そのためのとっておきの方法が、本書でご紹介する「4つの箱の法則」です。この法則を使えば、あなたにとって「やるべきこと」と「やらなくていいこと」が何なのかを、明確に分けることができるでしょう。

また、この法則を応用すれば、「やりたくないけれど、どうしてもやらなければいけないとき」の対処法や、「そもそもやりたいことが見つけられない」という悩みも解決することができます。

あなたの人生を、より有意義で幸せなものにするためのヒントになるのが、この「4つの箱」の法則なのです。

◆人生に大切な2つのキーワード「LOVE」と「NEED」

4つの箱の法則は、とてもシンプルです。

お金も時間もかかりません。

必要なのは、紙とペン、そして人生を変えたいというあなたの思い、それだけです。

まず、紙に十字を書いてください。

そして、縦軸にはLOVE、横軸にはNEEDと書き込んでみてください（左ページを参照）。

LOVE……あなたが愛すること（もの）

NEED……あなたが必要だと思うこと（もの）、もしくはあなたが必要とされること

このLOVEとNEEDの十字は、あなたの人生にとってとても大切なもの、幸せを得るカギとなるものです。

LOVE

LOVE & NO NEED

LOVEなこと
(NEEDではない)

LOVE & NEED

LOVEで
NEEDなこと

NO NEED

NEED

NO LOVE & NO NEED

LOVEでもなく
NEEDでもないこと

NEED & NO LOVE

NEEDなこと
(LOVEではない)

NO LOVE

ＬＯＶＥとＮＥＥＤをどれだけ意識して生きるかで、人生は大きく変わるのです。
まずはそのことを、心に留めておいてください。

◆人生を劇的に変える4つの箱の仕組み

５ページの図のように、あなたがＬＯＶＥとＮＥＥＤの十字を書くことによって、そこに４つの箱が生まれます。

それぞれの箱に、次のような仕分けをします。

・「金の箱」（右上）…ＬＯＶＥでＮＥＥＤなこと
・「銀の箱」（左上）…ＬＯＶＥだけどＮＥＥＤではないこと
・「灰色の箱」（右下）…ＬＯＶＥではないけれどＮＥＥＤなこと
・「黒の箱」（左下）…ＬＯＶＥでもＮＥＥＤでもないこと

「４つの箱の法則」で行う作業は、たったこれだけです。

あなたの人間関係、仕事、日常生活などを4つの箱に仕分けすることで、あなたが本当にLOVEなこと、あなたが本当にNEEDだと思っていることが明確になってきます。

毎日、LOVEとNEEDを意識すれば、自然とあなたの行動は変わり、人生も良い方向に進んでいきます。

「嬉しい！」「楽しい！」「ワクワクする」「達成感がある」「癒やされる」「おいしい」など、幸せな気分になった出来事や行動を思い出してみてください。このとき、あなたはLOVEなことに出会っているのではないでしょうか。さらにもっと幸せなときは、LOVEであり、NEEDでもある状態になっているはずです。

ところで、なぜLOVEとNEEDだけでいいのでしょうか。

それは、**人間が本来持っている欲求はLOVEとNEEDだけで満たすことができるから**です。実は、人生で大切なことはとても単純で、LOVEとNEED、この2つだけで考えることができるのです。

たとえば、あなたが甘いものを食べることが大好きだったとしましょう。目の前に、ものすごくおいしそうな大きなケーキがあります。

あなたにとって、このケーキを食べることは、間違いなくＬＯＶＥです。でも、ケーキは糖分がたっぷりで高カロリー、体重の気になるあなたには天敵でもあり、完食したら太ってしまうかもしれません。

そう考えると、この大きなケーキは、あなたの健康面においては必要なものではないので、ＮＥＥＤではないということになります。

その結果、あなたにとってケーキは、ＬＯＶＥだけれどＮＥＥＤではない、つまり「銀の箱」に入ることになります。

もうひとつ、あなたがランニングを始めたとしましょう。もともと走ることが大好きなあなたは、走ることで気分転換やストレス発散もでき、楽しさを感じることができます。これは、あなたにとってＬＯＶＥですよね。

当然のことながら、ランニングは健康にも良く、あなたの運動不足も改善されますからＮＥＥＤとなります。

あなたにとってランニングは、ＬＯＶＥでありＮＥＥＤでもある。つまり「金の箱」に入るのです。

こうやって、あらゆることをＬＯＶＥかどうか、ＮＥＥＤかどうかで、仕分けしていくわけです。

4つの箱の法則で悩みの原因や解決法がわかる

まずは、**あなたが今、置かれている状況を４つの箱に仕分けすること**から始めましょう。

これだけで、あなたの抱えている悩みの原因が明確になったり、新しい気づきを得たりすることができます。どうにもならないと思っていたようなことでも、解決の糸口を見つけることにつながります。

それでは、いったいどうすれば、悩みや問題点を克服することができるのでしょうか？

その解決法は、簡単に言ってしまえば、まず**最初にＬＯＶＥでもＮＥＥＤでもない「黒の箱」に入るものをなくす**こと。それから、**ＬＯＶＥではないがＮＥＥＤである「灰色の箱」に入るものを減らす**ことです。後ほど詳しく説明をしますが、「灰色の箱」のものを「黒の箱」に移してなくしてしまうか、見方を変えることで「金の箱」に入れられるようにするのです。

そうすれば、悩みがなくなるだけでなく、悩みや問題点だと思っていたことを喜びに変えることもできるのです。

人生を変えるためには、「金の箱」と「銀の箱」の中味を増やすこと――。

特に、「金の箱」が満たされることで、あなたの毎日は劇的に良いものになります。

私たちの多くは「灰色の箱」と「黒の箱」にひしめく無意味な「やらなくてもよいこと」に邪魔され、人生の貴重な時間を浪費してしまっているのです。

第５章で実際に行ってもらいますが、あなたの一日の行動を４つの箱に入れてみると、本当はやりたくないのに、仕方なくやらされていることが多いと気づくでしょう。

やりがいのない仕事、嫌いな家事、気乗りしない付き合いの飲み会、往復2時間の通勤、無意味な買い物、見たくもないテレビ、みんなやっているからと、仕方なく登録しているSNSでのやり取り……。

そういった「やりたくないこと」に、毎日の時間の大半を取られてしまっているのです。

しかし、この4つの箱の法則を実践していけば、そんな「無駄な時間」から解放されます。

人間関係や仕事、日常生活など、人生のあらゆることを4つの箱に仕分けすることで、本当に築きたい人間関係、本当にしたい仕事、本当に心地よい日常生活、そして、本当になりたい自分、本当に送りたい人生を手に入れられるようになります。

それはつまり、「自分の人生」をもっと大切にするということです。

具体的な説明や方法は後ほど述べることにして、4つの箱の法則で大切なことを先にまとめておきましょう。

❶ **まずは、「灰色の箱」と「黒の箱」に入るものを明らかにする**（気づき）

❷ **日々、「金の箱」を意識する**（習慣化する）

❸ **「黒の箱」と「灰色の箱」の中味の一部をなくす**（悩みの種を取り除く）

❹ **「金の箱」に入るものを増やす**（幸せを引き寄せる）

何かがうまくいかないと思ったとき、解決策を見出したいと思ったとき、あらゆる出来事を、４つの箱に入れる。

しかも、その軸はＬＯＶＥとＮＥＥＤのたった２つだけです。

それだけで、あなたの生活は大きく変わります。

「やらないこと」を決めることで、あなたの思う通りの「やりたいことのできる人生」を歩めます。

今、あなたは心の中で「そう簡単にうまくいくものなのか？」と思ったかもしれません。

でも、本書で４つの箱の法則を考えて実践していくことで、うまくいくことが実感できるはずです。

この本では、アシスタントの「ヨツバ子ちゃん」と一緒に考えていくことにします。「ヨツバ子ちゃん」は、あなたが抱いた疑問、不安、気づいたことを代弁してくれるでしょう。また、彼女と一緒に人生を考えていくことで、４つの箱の法則をいっそう自在に使いこなせるようになるはずです。

第1章

「やらないこと」はLOVEとNEEDで決められる

第2章

あなたの日常を「4つの箱の法則」で見直そう

第3章 LOVEとNEEDで人間関係を仕分ける

第4章 LOVEとNEEDで仕事を仕分ける

第5章

LOVEとNEEDで暮らしを仕分ける

第6章 LOVEとNEEDで夢をかなえる

本書は、2015年3月に弊社より刊行された『スッキリしない人生を整理する！4つの箱の法則』を改題し、一部加筆・修正したものです。

第1章

「やらないこと」はLOVEとNEEDで決められる

幸せは人がくれるものではなく、自分で見つけるもの

幸せかどうかは自分が決めるもの

幸せって、いったいなんでしょうか?

お金持ちになること? 出世すること? 素敵なパートナーと一緒になること?

それとも、人のためになる仕事をすること?

「本当にそういうこと?」

確かに、それだけではないでしょう。

昨日手に入れた幸せは、明日にはなくなっているかもしれません。おいしいものを食べて幸せな時間を過ごしても、次の日までその幸せが続くとは限らないですよね。

それに、お金持ちになっても、本当に幸せかどうかは疑わしいように思えます。お金持ちになれば、それはそれで悩みや不安がいっぱいありそうですし、もっともっとお金が欲しいと思うかもしれないからです。

「そもそも幸せの基準って何？」

そう、幸せには明確な基準がないのです。

だから私たちはいつの間にか、つい他人と比較してしまいます。誰かと比較することによって、幸せかどうかを確かめている自分がいたりします。

「あの人よりは仕事ができる」「この人よりは恵まれている」「あいつよりは、自分のほうが頭がいい」「私のほうが、いい家に住んでいる」などなど。

「でも、人と比べても仕方ないんじゃない？」

その通りですね。他人と比較しても、あまり意味はありません。幸せかどうかを勝ち負けで競っても、上には上がいるのですから、永遠に一番にはなれません。

他人ではなく、自分自身に目を向けることが大切です。

最も重要なのは、「幸せかどうかは自分が決めるもの」だということです。

１００人いれば、１００人の幸せがあるはず。他人のものさしではなく、自分のものさしで測る。それが幸せになる唯一無二の方法です。それさえわかれば、答えは簡単。

自分が愛するものを選んで、生きていけばいい。それが、幸せになるための直線ルートです。

想像してみましょう。

愛する人と一緒に暮らすこと、愛する仲間たちと好きな仕事をすること、愛する家の中が愛するもので溢れていること、愛する友だちと談笑すること……。考えただけで、ワクワクしてきますね。そんな人生が送れれば、最高に幸せに違いありません。

◆ 一番大切なのは「あなたがどう思うか」

「でも、それだけで生活していけるの？」

そうなんです。残念ながら、現実はなかなかそうはいきません。あなたは好きな仕事ばかりをしているわけでもなければ、愛する仲間だけに囲まれているわけでもありません。

それに、愛する人を永遠に、しかも四六時中思い続けることもできないですよね。喧嘩もするでしょうし、イライラしちゃうこともあります。

「じゃあ、他に何が必要なの？」

そう！　まさに何が〝**必要＝NEED**〟なのかがキーワードになるのです。生きていくために必要なものや、面倒だけど必要な仕事もあります。さらに、世の中に必要だと思うものは何かを、考えることも大切です。

なぜなら、社会に必要だと思われるものをあなたが生み出すことができれば、賞賛という喜びを得ることができるのですから。

重要なポイントは、「自分がどう思うか」です。主体はあくまでも自分であって、他人ではありません。

つまり、4つの箱にとって最も重要なことは、自分がLOVEを感じるか、自分がNEEDだと思っているか、なのです。

後悔しない人生を送るための絶対必要条件

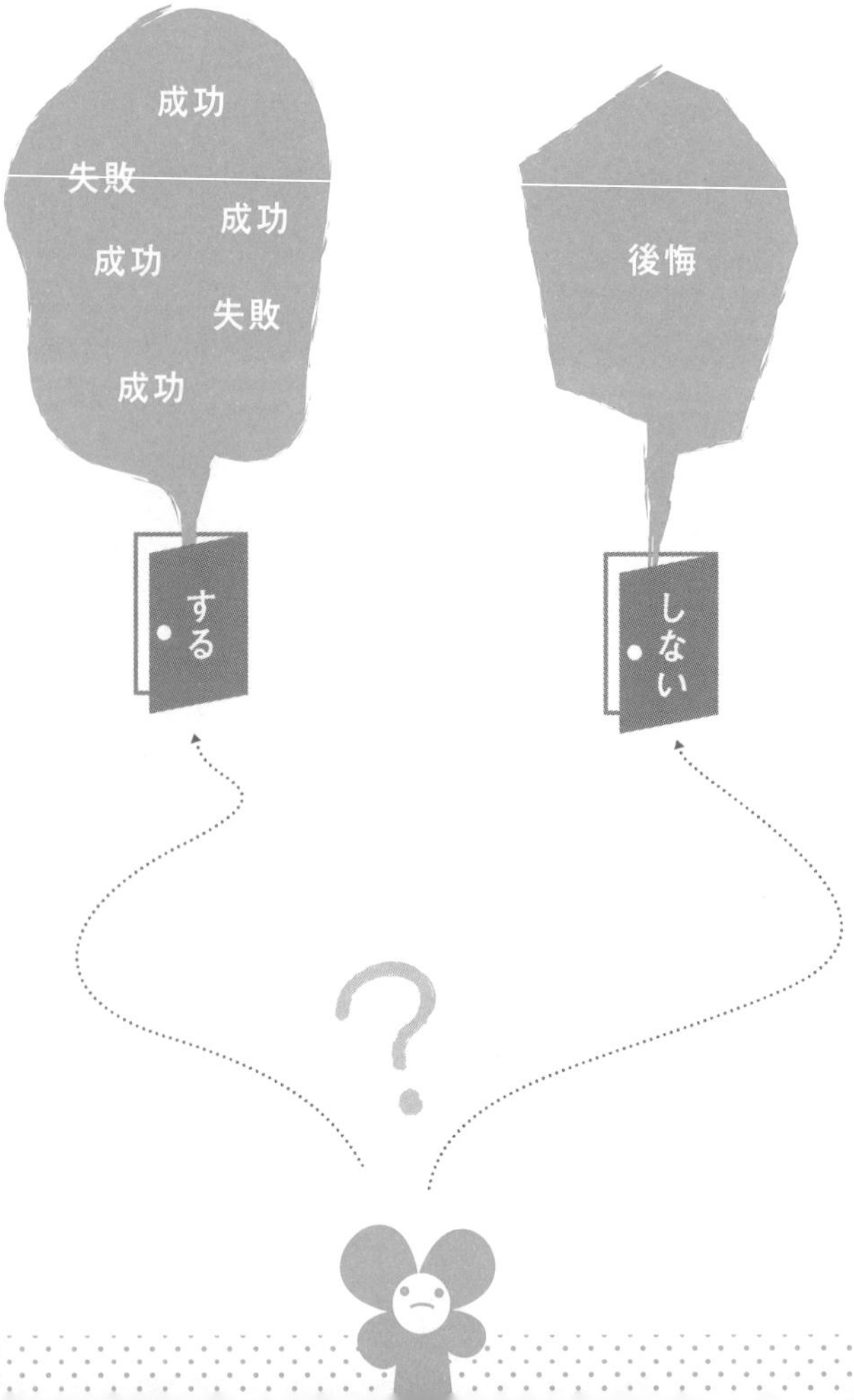

成功
失敗
成功
成功
失敗
成功

後悔

する

しない

?

◆人は、やらなかったことを後悔する生きもの

「人は、やったことよりもやらなかったことを後悔する」傾向があります。確かに「もっと若いときに、◯◯にチャレンジしておけばよかった」などというのは、よく聞く話です。

「どうして、やらなかったことを後悔するの？」

それは、脳科学で説明できます。

脳科学といっても、少しも難しい話ではありません。

考えてみてください。まずあなたがやったこと（実行したこと）は、リアルに回想できますよね。いいことも悪いことも含めて、現実として現れるわけですから、具体的に思い出すことができます。

一方、やらなかったことは、あくまでも頭の中で想像するしかありません。人の脳

の仕組みはうまくできていて、頭の中では基本的にいいことしか想像できないようになっているのです。

たとえば、宝くじで3億円が当たったところを想像してみてください。きっと、いいことしか思い浮かばないのではないでしょうか。本当は、悪いことがあるかもしれないのに、そんなことまでは想像に及ばないわけです。

つまり、やらなかったことは、実際には起こっていないことなので、いいことしか想像できないのです。

「もし、いい大学に入っていたら」「もし、大企業に就職していたら」「もし、転職していたら」「もし、独立して起業していたら」「もし、魅力的なパートナーと結婚していたら」……。

人間の脳は「もしそうだったら、きっと素晴らしいことが起こったに違いない」というように、夢のようなことしか考えられないのです。だから、実際にやったことよりも、やらなかったことを後悔するわけですね。

「じゃ、後悔しないように、なんでもチャレンジしたらいいんじゃない？」

その通りですね。「やらない後悔」よりも「やった後悔」のほうがいいのは、誰もが認めることでしょう。

チャレンジしても、うまくいかない場合もあります。

「どうしてあのとき、私は軽率なことをしてしまったんだろう」と悔やむこともあります。でも、それもひとつの経験であって、失敗を糧に成長することができます。

失敗と後悔は似て非なるもの。失敗は成功のもとですが、後悔（特に、何もしなかった後悔）をするだけでは何も生まれません。

行動に移した結果、うまくいかなくても、失敗という経験が生まれます。つまり、やらなかった後悔よりもずっといいのです。

本当に愛すること、本当に必要なことが見えてくる

もちろん、なかなかチャレンジできない人もいるでしょう。

今の仕事を辞めるわけにはいかないし、自由な時間がないという人もいます。何にチャレンジしたらいいかわからない、という人もいるでしょう。

「やりたいことが見つからないってやつね？」

そこで、４つの箱の登場です。４つの箱は、ＬＯＶＥとＮＥＥＤで、いろいろなものを仕分けしていきます。

「愛することか、そうでないか」「必要か、そうでないか」……。

これから、さまざまなものを４つの箱に仕分けする中で、あなたが本当に愛すること、本当に必要なことが見えてきます。

同時に、今の自分に必要がないことも、はっきりとわかってきます。

後悔しない人生を歩むポイントは、あなたが愛すること、必要だと思うことを見極め、それを成し遂げるためにまず一歩を踏み出すこと。

そうすれば、年老いてから「若いころに、もっと◯◯しておけばよかった」と悔やまずにすむでしょう。

この4つの箱は、あなたの人生を必ずや有意義なものにしてくれるはずです。

「やらないこと」はLOVEとNEEDで決められる

今すぐ LOVEとNEEDを増やそう

思い通りの人生を生きるために必要なこと

「いつか自分の思い通りの人生を生きる」と考えながら、ただ毎日を過ごしている人は結構多いはずです。

「いつか素敵な人が現れるはず」「いつか楽しい仕事ができるはず」「いつか南の島で暮らしたい」「いつか世界中を旅行したい」……。

「その〝いつか〟って、いつよ？」

本当に、いつなんでしょうね。

「いつか幸せになれる」という未来への希望を持ちたい気持ちはよくわかりますが、〝いつか〟と思っている限り、なかなか幸せにはなれません。

では、今が幸せではない人は、どうやったら将来の幸せを手に入れることができるのでしょうか——。

それを説明するために、再び脳科学の話をしましょう。

私たちは三次元の世界に住んでいます。三次元の世界は、自分の足で自由に移動することができますよね。

パリに行きたいと思えば、パリに行くことができますし、宇宙にだって行くこともできます。実際に行けるかどうかは別にして、技術的には宇宙に飛び出すことは可能です。

そして、この世界には、もうひとつ次元があります。そう、時間という次元です。時間は空間とは違い、自由に行き来することはできません。

しかし、本当にそうでしょうか？　この世界に生きている私たちにとっては当たり前のような気もしますが、脳科学では少し違った見方をします。

確かに、時間は空間のように自分の足で行き来することはできません。でも、人間だけに備わっている「思考」という乗り物に乗れば、自由に過去に行ったり、未来に行ったりできるのです。

過去には「記憶」という乗り物で行くことができます。
未来には「想像」という乗り物で行くことができます。

私たちは、記憶を使って、いつでも好きなときに過去を思い出します。それはまるで、過去に旅をしているかのようでもあります。そして、想像という道具を使えば未来に行くことも可能なのです。

私たちは、目の前に起こっていることを知覚して、脳に電気信号を送り込んでいます。ところが、目の前の映像だけでなく、記憶や想像といった思考でも、脳は同じように反応するのです。

◆過去や未来は変えることができる

「それが幸せとどう関係しているわけ？」

そうですね。ここが重要なポイントですが、**記憶や想像は、変えることが可能**なのです。

知覚とは異なり、記憶や想像は現実を曲げてしまうというクセがあります。しかも、現在のあなたの状況が、あなたの記憶と想像に影響を及ぼします。

たとえば、今のあなたが、不幸のどん底だったと仮定しましょう。すると、あなたは自分がしでかした失敗を「あのときのせいだ」と過去を嘆くでしょうし、「このままではダメだ」と未来を不安に思うでしょう。

逆に、今のあなたが幸せであれば、同じような失敗をしていたとしても、過去の失敗は笑い話になり、幸せな未来を想像できるはずです。つまり人間の脳は、今の状況にとても敏感なのです。

「つまり、過去や未来は変更可能ってこと？」

その通りです。いつか幸せになりたいと思うのであれば、まさに〝今〟幸せにならなければいけません。

これから、あなたが今、築いている人間関係、やっている仕事、生活状況などを、ＬＯＶＥとＮＥＥＤで仕分けしてもらいます。

これはあなたが幸せになるために、とても重要なことです。

今のあなたの生活にＬＯＶＥとＮＥＥＤを増やせば、自然と過去はいい思い出になり、未来は明るく輝いたものになるのです。

LOVEなことは、それだけであなたを幸せにする

最近やったことでLOVEだったことを書き出してみよう！
（ただし、自分が起こした行動のみに限定する）

1

2

3

4

5

6

7

8

9

10

◆ＬＯＶＥなことを思いつくまま書いてみよう

さて、あなたにとって、最近ＬＯＶＥだったものはなんでしょうか?　いきなりですが、思いつくまま10個ほど書き出してみましょう。

嬉しかったこと、楽しかったことでＯＫ。ただし、あくまでも自分が起こした行動のみに限定しましょう。

たとえば、次のようなこと……。

・おいしいランチを食べた
・仕事で企画が通った
・上司に褒められた
・楽しい動画を見つけた
・映画で感動して泣いた
・おもしろい本を読んだ

・知り合った人が素敵な人だった
・かわいい服を買った
・思い切って髪を切った
・株で儲けた
・お酒を飲みに行った
・おいしいパン屋さんを見つけた
・カラオケに行った
・友だちの誕生日のお祝いを計画した
・アクセサリーを買った
・同じ趣味の友だちができた
・バーベキューをした
・安くておいしい店を発見した
・温泉に行った

数は多くても少なくてもいいので、思いつく限り書き出してみましょう。書き出したら、それらをジッと眺めて、そのときの気分を思い出してみてください。

「なんだか幸せな気分になってきたわ」

そうなのです。LOVEなことばかりを思い出していたら、とても幸せな気分になってきますよね。

これが、〝幸せになるLOVE効果〟です。当たり前のことですが、LOVEには人を幸せにする力があるのです。

◆なりたい自分になれる、やりたいことができる

そもそも人間の脳は、幸せなことと不幸せなことを同時に考えられないようにできています。

よく思い出してください。今までに、幸せなときと不幸せなときが同居していたこ

とはありますか？

どんなに落ち込んでいても、恋人ができたら一気に幸せになったはずです。これまで悩んでいたことは、どうでもいいことになったのではないでしょうか。つまり、ＬＯＶＥなことをずっと考えていれば、間違いなくあなたは幸せになれるのです。

また、ＬＯＶＥには自己欲求を満たす効果もあります。なりたい自分にもなれますし、やりたいこともできるようになります。**ＬＯＶＥを追い求めていれば、自然と自己実現が可能になるのです。**

「でも、ＬＯＶＥなことだけで生きていくなんてできないんじゃない？」

おっしゃる通り。残念ながら、ＬＯＶＥなことづくしの人生を送れば幸せになれる、というのは机上の空論です。現実社会は、それほど甘いものではありません。

ですから、今までＬＯＶＥではなかったことを、ＬＯＶＥに思えるような、いわば

「錯覚」の技法が求められます。

好き嫌いなんて自分で決めるもの。ならば、どんなことでもＬＯＶＥにしてしまえばいいのです（詳しい方法は後述します）。

同時に、ＬＯＶＥかどうかだけでは、幸せだと決められないものもあります。そのために、もうひとつの軸であるＮＥＥＤが重要になってくるのです。

NEEDなことは、本当に必要なのかを検討する

最近、NEEDだと思ったこと(もの)を書き出してみよう!
(ただし、あなた自身が必要だと思ったことのみ)

1
2
3
4
5
6
7
8
9
10

✧必要だと思うことは、実はそれほど楽しくない

次は、NEEDなものについて考えてみましょう。

先ほどと同じように、最近、あなたが必要だと思ったことを10個ほど書き出してみてください。

あくまでも、あなた自身が必要だと思ったことだけです。多くても少なくてもかまいませんので、思いつく限り書き出してみましょう。

たとえば、次のようなこと……。

・電球が切れたので、新しいものを買った
・ボランティアに参加した
・上司に命じられた仕事をした
・自転車のパンクを修理した
・溜まった洗濯ものを片づけた

・急に雨が降り出したため、傘を買った
・仕事に役立つ本を読んだ
・企画書を作成した
・経費の精算をした
・部屋の中を掃除した
・コンビニの弁当で昼食をすませた
・仕事用の服を買った
・メールの返信をした
・雑談に利用するため、新しいニュースをチェックした
・通販でダイエット器具を買った
・社内の飲み会に参加した
・友だちの悩みを聞いた

では、ＬＯＶＥのときと同じように、ＮＥＥＤの場合も、そのときの気分を思い出してみてください。

残念ながら、先ほどのような幸福感は味わえなかったのではないでしょうか。

あなたが書き出したことは、あくまでも仕事や生活で必要なだけであって、幸せとは直接関係していないものが多かったと思います。

あなたを幸せから遠ざけている悪の正体

「でも、必要なことって、本当に必要なの？」

そうなんです。ＮＥＥＤの中には、必要だとあなたが思っているだけで、本当は必要ではないことも含まれている可能性があります。

たとえば、上司に命じられた仕事というのは、上司が必要なことだと思って発生したものです。しかし、もう少し大きな視点から見れば、まったく必要ではないことだった可能性もあります。

ですから、あなたが書き出したＮＥＥＤなことの中で、それが本当に必要かどうか、考え直す作業が必要となってくるのです。

ＮＥＥＤかどうかを検討することは、その行為の裏にある意味を読み解くということでもあります。

なんのためにそれを行うのか、誰のためにこれをするのか……。

そういったことをちゃんと考えれば、ＮＥＥＤなものはＬＯＶＥなものへと変わることもありますし、実はＬＯＶＥでもＮＥＥＤでもなかったことに気づくきっかけにもなります。

ＮＥＥＤなものは、大きく分ければ次の３つのカテゴリーに分類することができるでしょう。

①本当にＮＥＥＤで、ＬＯＶＥなこと（→「金の箱」へ）
②本当にＮＥＥＤだけど、ＬＯＶＥではないこと（→「灰色の箱」へ）
③ＮＥＥＤでもＬＯＶＥでもないこと（→「黒の箱」へ）

ここで重要なのは、ＮＥＥＤだけどＬＯＶＥではない「灰色の箱」に入った事柄です。「灰色の箱」に分類されたものこそ、あなたを幸せから遠ざけている悪の正体です。

上司が必要だと言っている仕事、他の人がしているから自分も必要だと思っていること……。

まずは、そういったものを排除する必要があります。

ただ、本当にそれが必要かどうかを見極めるには、ちょっとした考え方のコツが必要です。詳しくは第２章で説明しましょう。

経済は
LOVEとNEEDで回っている

◆ヒット商品はLOVEとNEEDの合体！

ここで視点を変えて、世の中でヒットした商品について、考えてみましょう。

iPhoneやiPadといったアップル社の製品、マイクロソフト社のウィンドウズやオフィス、ユニクロのヒートテック、ダイソンのサイクロン掃除機やアイロボット社のロボット掃除機ルンバ、トヨタのプリウス、P&Gのファブリーズ……。

その他にも、スマートフォン、カーナビ、Googleの検索機能、YouTube、FacebookやLINE、アマゾンや楽天市場、パイロットのフリクション、3Dプリンター。

昔で言えば、松下電器の二股ソケット、三種の神器といわれた冷蔵庫・洗濯機・テレビ、ソニーのウォークマン、本田技研工業の原付自転車カブなども大ヒット商品ですね。

ここまで読んで、お気づきの人もいるかもしれません。

「全部、LOVE&NEEDってこと?」

その通り。どれも理屈抜きで、多くの人が愛していること、そして必要なものですね。住宅産業、自動車産業、サービス産業などの各業界を見ても、LOVE&NEEDなものが市場を席巻しています。

世の中の経済は、LOVE&NEEDで動いていると言っても過言ではありません。

なぜ、LOVE&NEEDで成功できるのか

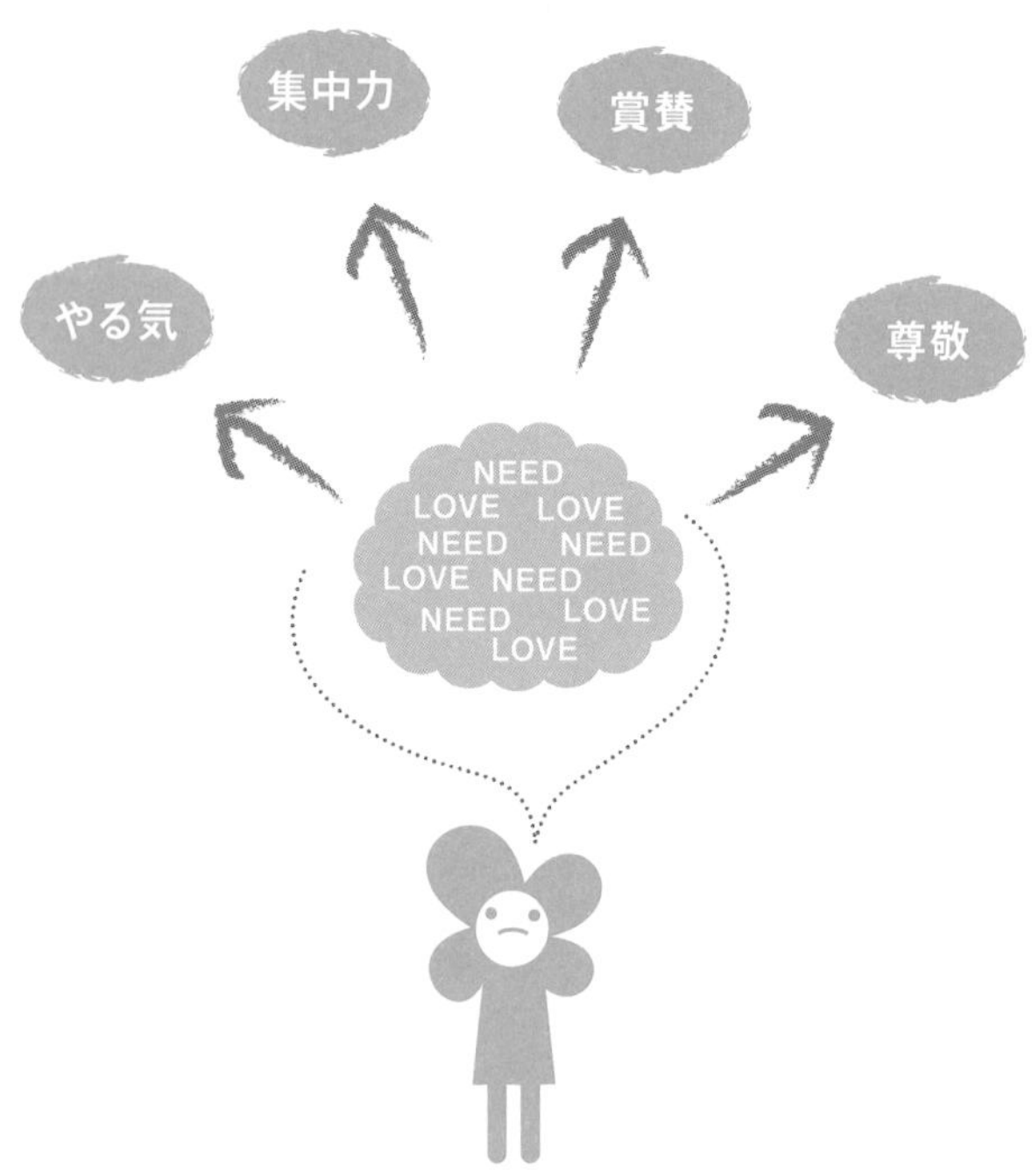

◆人間の脳は楽しいことなら何時間でも集中できる

ＬＯＶＥ＆ＮＥＥＤな仕事をすれば、成功できる。それは、なぜでしょうか。

ＬＯＶＥなことをすると、自己欲求を満たすことができます。

また、自分にとって楽しいことであれば、どんなに辛いことがあっても、それを乗り越えていくモチベーションを保つことができます。めちゃくちゃ好きなわけですから、仕事が嫌になったりすることもないわけです。

もちろん、成功するまでの過程は、ＬＯＶＥなことばかりではありません。失敗や苦悩もたくさん経験するはず。それでも、ＬＯＶＥなことなので、逆境も乗り越えられるのです。

たとえば、ゲームが好きな子どもは、何時間ゲームをしても苦にはなりません。徹夜でゲームをすることも平気です。

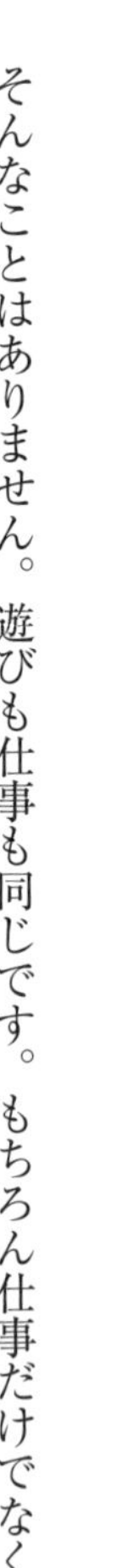

「遊びと一緒にされても……」

そんなことはありません。遊びも仕事も同じです。もちろん仕事だけでなく、これはあらゆることにも言えるのです。

人間の脳は自分が楽しいと思うＬＯＶＥなことであれば、何時間でも集中できる仕組みになっているのです。

どんなことでも長く真剣に続けていれば、プロになることができますよね。そして、ひとつのことを極めれば極めるほど、人を引き寄せる力も増えていきます。愛するものを語っているときほど、他の人から見て、あなたが魅力的なことはありません。

「ＬＯＶＥなことだけで、本当に仕事になるの？」

残念ながら、ＬＯＶＥだけでは仕事になりません。

いくら趣味に没頭していても、いくらゲームに向かっていても、自分の中で完結してしまっては、何も広がっていきませんよね。

そこで、ＮＥＥＤが重要になってくるわけです。

ＮＥＥＤという価値観を付け加えることができれば、それは仕事に結びつく可能性が高くなります。つまり、他の人が必要だと思うことを、あなたが提供できればいいのです。

たとえば、あなたにとってのＬＯＶＥがゲームであれば、その攻略法や裏ワザはあなたにとってのＮＥＥＤでもあります。それを同じようにゲームが好きで、攻略法や裏ワザを求めている人たちに公開すれば、他の人にもＮＥＥＤを提供することができ、仕事につながる可能性が出てきます。

昔で言えば、ゲームの達人・高橋名人こと高橋利幸氏は、まさにそういった生き方・働き方をしていました。

マニアになればなるほど、自分の存在意義が高まります。すると、今度は、世の中があなたのことをＮＥＥＤだと思ってくれるようになるわけです。

✧自然と周りの人たちから必要とされる方法

もう少し身近な人に目を向けてみましょう。あなたの周りにいる尊敬できる人、憧れの存在、魅力的な相手とは、どういう人ですか？

「みんなから愛されていて、必要だと思われている人ってこと？」

その通り！　つまり、あなたがＬＯＶＥ＆ＮＥＥＤな仕事をすれば、自然と周りの人があなた自身をＬＯＶＥ＆ＮＥＥＤだと思ってくれるようになるわけです。

これまでのことを簡単にまとめてみましょう。

ＬＯＶＥ＆ＮＥＥＤなことをすれば……、

・モチベーションが続き、逆境を乗り越えることができる

・その道のプロになり、唯一無二の存在になる
・周りから愛され、必要とされ、魅力的な人が集まる
・さらにＬＯＶＥ＆ＮＥＥＤなことができる

いかがでしょうか？

ＬＯＶＥ＆ＮＥＥＤさえ押さえておけば、このような成功へのサイクルが生まれてきます。ＬＯＶＥ＆ＮＥＥＤで成功できる仕組みは、この好循環をつくり出すことにあるのです。

第2章

あなたの日常を「4つの箱の法則」で見直そう

あなたの日常は、そう悪いものではない

ある人の一日の行動

- 朝ごはんにパンを食べた
- シャワーを浴びた
- 電車で通勤した
- メールのチェックをした
- メールで仕事の連絡を入れた
- ネットでニュースを見た
- 上司に頼まれた仕事を片づけた
- 昼ごはんを食べた（コンビニで買ってきた弁当）
- 他部署の人と話をした
- 定例の会議に参加した
- 電話で仕事の進捗を確認した
- コーヒーを飲んだ
- 帰宅途中で、晩ごはんを食べた
- 深夜番組を見た
- ビールを飲んだ
- 寝た

◇人の脳は悪い出来事を鮮明に記憶する

今日、あなたに起こった出来事を思い出してみてください。右の例のように、一日の行動を紙に書き出してみるといいでしょう。改めて眺めてみると、「普通」の一日だと思うかもしれません。

でも、**普通は悪いことではありません。むしろ良いことなのです。**

「普通が良いことって、どういう意味？」

まぁまぁ、その前に少し別の話をさせてください。人間の脳は、普通ではないことを覚えているという習性があります。

たとえば、大きな災害が起きた２０１１年3月11日にあなたが何をしていたかは覚えているのに、その前日の２０１１年3月10日の記憶はあまり鮮明ではないのではありませんか？

特に悪い出来事は、強烈な記憶として残るため、いつまでもあなたの心（記憶）を支配します。

もちろん良い出来事も覚えているでしょうが、細部まで脳裏に焼きついていることは、それほど多くないと思います。ただし、その数少ない出来事（良いことも悪いことも）は、あなたの人生を大きく左右したはずです。

たとえば、地震が起こる度に、あのときのことを思い出して、落ち着かない気持ちになる人も多いでしょう。

本当に悪い出来事、本当に良い出来事というのは、人生の中でほんの少しだけです。しかしながら、私たち人間は、どうしてもその影響を引きずってしまうわけですね。

◆小さなことに幸せを感じる習慣を身につける

ここで、少し考え方を変えてみることにしましょう。

もっと普通のことに、目を向けてみてください。すっかり忘れてしまっているような膨大な時間の流れ……。その中には、実は当たり前すぎて、気づかないような幸せが眠っているのです。

「当たり前なことが幸せなの？」

そうです。あなたは、自分の人生はいまいちだと思っているかもしれません。可能であれば、新しい人生に生まれ変わりたいと考えている人もいるでしょう。

しかし、日常の生活に目を向けると、毎日食べることができて、生活するために必要な仕事もあります。同僚と楽しいおしゃべりをしたり、ＳＮＳで友だちとつながることもできます。

会社帰りにビールを飲むこともできれば、映画を観ることもできます。観たいテレビもあれば、ゲームでも遊べるし、好きな本のページをめくることもできます。そして、帰る家がある。温かい布団があなたを待っているのです。

そう考えると、あなたの人生は、そう悪くないと思えませんか？

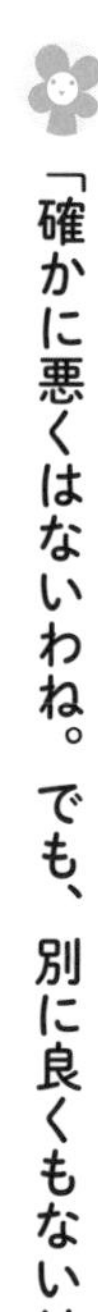

「確かに悪くはないわね。でも、別に良くもないけれど……」

言いたいことはわかります。でも、早まらないで。まずは自分の普段の生活が、悪くないと認識することから始めていきましょう。

なぜなら、あなたには、小さなことでも幸せを感じられる習慣を身につけてほしいからです。

たとえば、春に暖かな風を感じたこと、秋に新米を食べたこと、同僚や友だちから何気ない気遣いをしてもらったこと、近所の人と笑ってあいさつを交わしたこと……。まずは、そういった普通のことに、喜びを感じられるようになってほしいのです。

誰もが羨(うらや)むような結果や成功体験だけが、幸せではないことを知ってほしい。

いつか幸せになりたいではなくて、すでに自分にある幸せに気づいてほしいのです。

今日一日の出来事を4つの箱に仕分けしたとき、ＬＯＶＥではない「灰色の箱」と「黒の箱」に入る項目よりも、ＬＯＶＥである「金の箱」と「銀の箱」に入る項目のほうが多ければ、「今日はいい一日だったね」と言えるのではないでしょうか。

幸せというのは、一日一日の小さな喜びの積み重ねで成り立っているのです。

いつも4つの箱を
イメージする習慣を身につける

大切なのは行動する前に意識を変えること

突然ですが、コンビニエンスストアでお菓子を買うとき、あなたはどんなことを考えていますか？

「どれがおいしそうかなって考えているわよ！」

多くの人はそうかもしれませんね。でも、中には「これを食べたら太ってしまうかも」「身体には悪いかも」「イライラをまぎらわしたいだけ」などと考えている人もいるかもしれません。

もしそうならば、それは4つの箱のどこに入るでしょうか。おそらく「黒の箱」に入ってしまうのではありませんか。せっかくお菓子を買うのに、LOVEでもNEEDでもない「黒の箱」に入ってしまったら、なんの意味もありませんよね。

でも、ちょっと意識を変えるだけで「銀の箱」に入れられます。お菓子を買うなら、前向きに食べるほうが楽しいのは当たり前。ダイエットや健康は脇に置いて、とりあえずおいしく食べること。そのほうが幸せな気持ちになれます。

「でも、太っちゃったら幸せじゃないわ」

その通り。だから、みんなお菓子や甘いものを食べたいという欲求と必死に格闘するわけです。

◆頭の中で常に4つの箱をイメージする

そこで、お菓子を買ったり、甘いものを食べたりするときに考えてほしいのが、それが4つの箱のどこに入るか——ということ。

頭の中で4つの箱をイメージし、それを食べることはどの箱に入るのか、考える習慣をつけてほしいのです。それがあなたにとって、本当にLOVEなのか、本当にN

EEDなのか、少しでいいから考えてみてください。

どうしても食べたいというLOVEであれば、「銀の箱」に入りますね。食べた後のことを考えてLOVEじゃないと思えば、「黒の箱」に入ります。

それはつまり、あなたにとって、「食べることと太らないことのどちらがLOVEなのか」を選択することでもあります。

「結局は、我慢しろってこと？」

そう言ってしまうと、ただ辛いだけのように思えてしまいますよね。でも、より幸せなほうを選択したと思えば、我慢とは感じないのではないでしょうか。

これはお菓子だけでなく、あらゆることに言えます。

たとえば、お昼のメニューを決めるとき、何か飲み物を買うとき、服や靴を買うときなどもそう。また、メールを返すとき、企画を考えるときなども同じです。

常に頭の中に4つの箱をイメージして、その行為がどの箱に入るのかを考える——。

もし「黒の箱」に入るならば、その行為は間違いだということですね。それは明らかに、やらなくてもいいことです。

もちろん、「金の箱」に入ることが理想ですが、「銀の箱」か「灰色の箱」であれば、とりあえず良しとしましょう。LOVEではないことでも、必要なことはたくさんありますから。

まずは、すべての行動について、4つの箱に仕分けする習慣をつけてください。そうすれば、あなたにとって無駄な行動が見えてきて、それをはじめに削ぎ落とすことができるはずです。

残ったものは、意味のある行動ということになります。その意味のある行動を4つの箱に仕分けて、さらに意味づけしていくことによって、あなたの何気ない行動やありふれた日常が、有意義なものに変わっていくはずです。

「どうすれば、４つの箱の習慣が身につくの？」

いろいろ方法があります。

たとえば、４つの箱を書いた紙を部屋の壁や机の前に貼る、手帳に書く、会社のパソコンのデスクトップを４つの箱風に変えるのもいいと思います。

どの方法にせよ、いつも目につくところに４つの箱を書いておけば、自然と意識できるようになるはずです。

「黒の箱」を空っぽにする

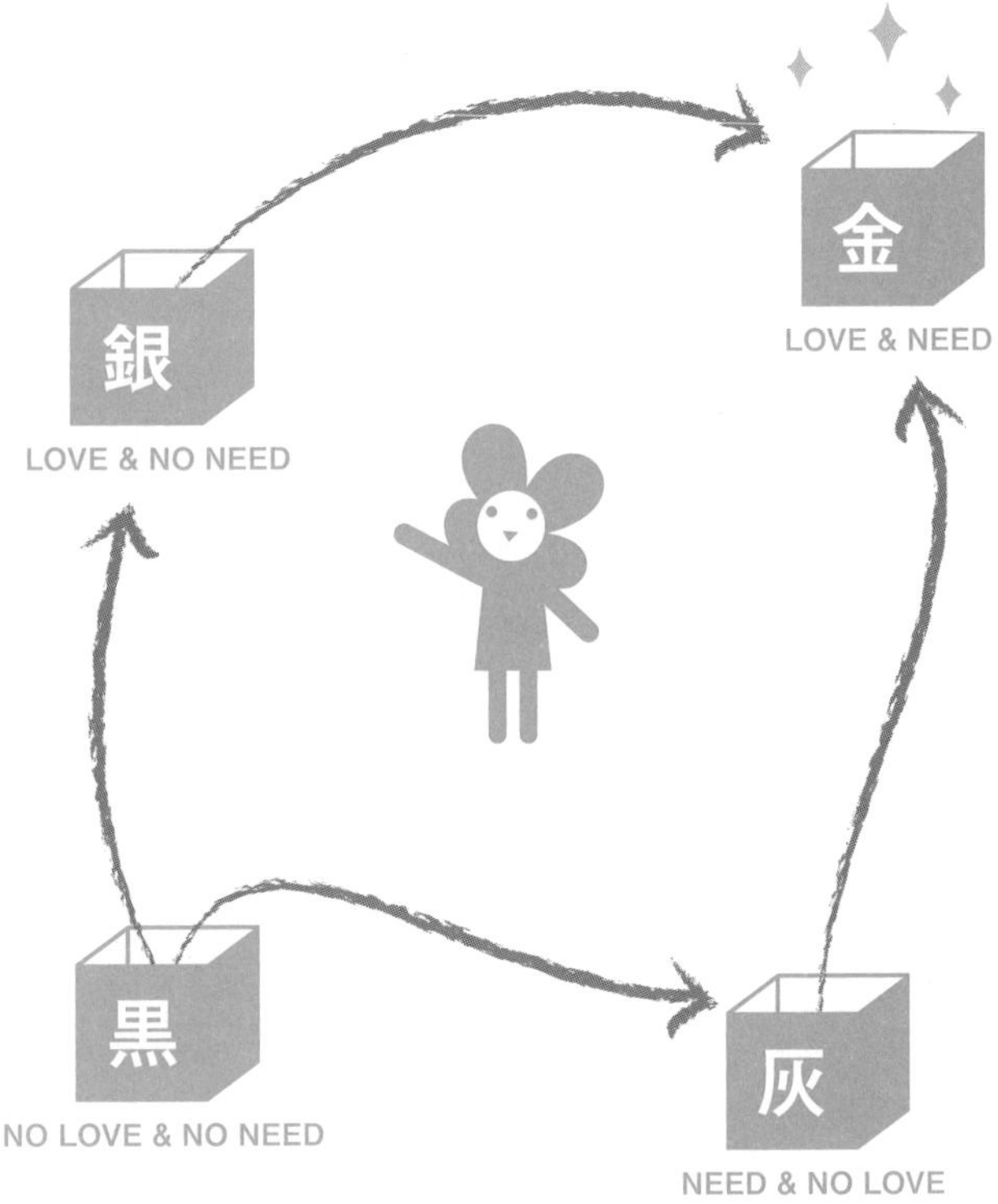

❖「黒の箱」に入るものをできるだけ少なくする

あなたにとって、「黒の箱」に入ることはなんでしょうか。ＬＯＶＥでもなく、ＮＥＥＤでもないのですから、そんなものは存在しないと思っていませんか。でも、実際に４つの箱に入ることを書き出してもらうと、意外にも「黒の箱」に挙がる項目が多いことに気づきます。

たとえば、「定期券を忘れた」「傘を置き忘れてきた」「鍵をなくした」といった忘れものや、なくしもの。

「恋人と喧嘩をした」「同僚の愚痴を聞かされた」「友だちにひどいことを言ってしまった」というような人間関係のこと。

「たばこを吸う」「ＳＮＳの書き込みをチェックしてしまう」「くだらないテレビを観続けてしまう」といった日常生活でのこと。

「事務的な朝礼」「仕事上の付き合いの食事」「毎週の会議」「業務連絡日誌」といっ

た仕事関係のこと……。

「結構いっぱいあるのね？」

かなりありますね。仕事でのLOVEでもNEEDでもないことは、必要ではないというよりも、改善すべきであるというニュアンスのほうが強いでしょう。

それでも、かなり「黒の箱」に入る項目が挙がったはずです。

LOVEでもないのに、NEEDだとも思っていないのに、どうして私たちは、「黒の箱」に入ることをやってしまうのでしょうか。中には、忘れものやなくしもののように、単純な失敗もあります。

そういったものはどうしようもないので、もう諦めてしまうしかありません。もしくは、失敗しないようにルール化して、少しでも減らすようにすればいい。

それ以外で「黒の箱」に入るようなことは、その行為が本当にLOVEなのか、本当にNEEDなのかを考える習慣を身につければ、自然に少なくなっていくはずです。

どうすれば「黒の箱」を空にできるのか

「本当に、それだけでなくなるの？」

たとえば、「ネットでニュースを眺めてしまう」ことがLOVEでもNEEDでもないと思ったとしても、おもしろいニュースを見つけたらLOVEかもしれませんし、仕事のときに雑談として使えそうならばNEEDになります。

一見すると無駄に思える行為であっても、LOVEかNEEDかを考えることは、とても重要なことです。

本当に意味がないと思えば、単純にやめればいいのですが、その行為に意味を持たせて「銀の箱」か「灰色の箱」に移動させることもできるのです。

恋人との喧嘩も、お互いの不満を言い合って改善することが目的であれば、「灰色の箱」に入りますよね。ストレス発散も、重要なあなたのＮＥＥＤであるはずです。

そうすることで、「黒の箱」の中味をどんどん減らすことができます。

「でも、仕事だったら、自分で決められないこともあるんじゃない？」

その通りです。自分でいきなり朝礼をなくすことはできないですよね。でも、そこに意味を持たせることはできるはず。

まずは「その朝礼にどんなＮＥＥＤがあるのか」を考える。自分でわからなければ、上司に聞いてもいい。あなたが思いもつかなかった朝礼の重要性を教えてくれるかもしれません。

そして、本当に「黒の箱」に入る行為が無意味であると判断したときは、少しだけ勇気を持って訴えたほうがいい。あなたの提案によって、改善されることもあるかもしれません。

一番大事なことは、「黒の箱」を空っぽにするという確固たる意志を持つこと。その習慣を身につければ、あなたの人生から「黒の箱」に入る項目は、確実に少なくなっていくはずです。

逆に、何も考えずに生きていると、ＬＯＶＥでもなければＮＥＥＤでもない得体のしれない悪魔のようなものに、あなたの人生が支配されてしまいます。

これほど、不幸なことはありませんよね。

「灰色の箱」の中味を「金の箱」に移せば、人生は劇的に変わる

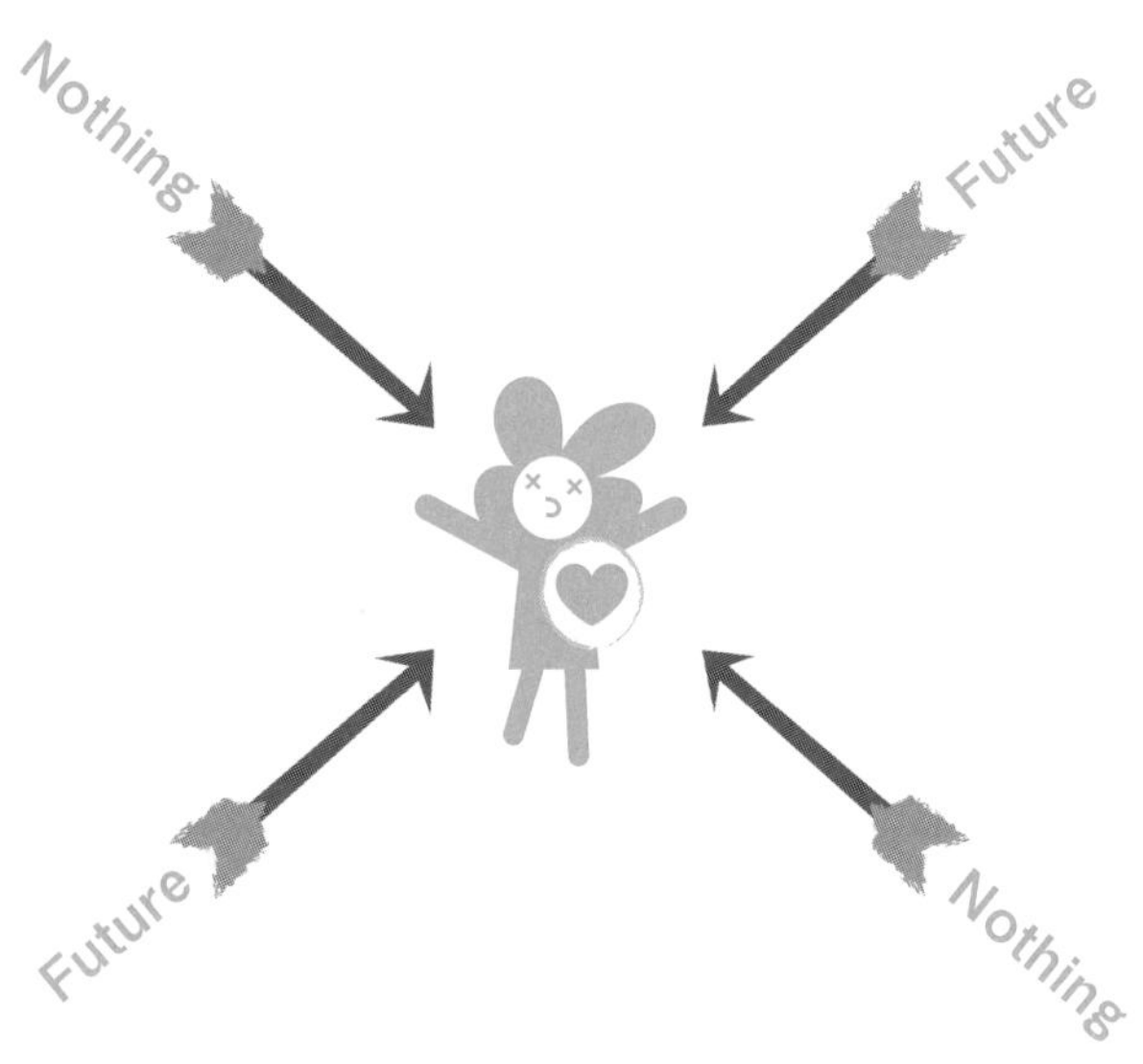

感情を利用してLOVEなものを増やす

「黒の箱」を空にできたら、次は「灰色の箱」に注目しましょう。「灰色の箱」は、LOVEではないけれど、NEEDなもの。おそらく、あなたの人生は、この「灰色の箱」に入るものが大部分を占めているのではないでしょうか。

逆に言えば、「灰色の箱」から「金の箱」に移す習慣が身についたなら、あなたの人生は劇的に好転すると言えます。

「どうしたら、『金の箱』に入れられるの？」

それが、一番難しいですよね。

LOVEじゃないことをLOVEにすることは、それほど簡単なことではありません。嫌いな人を愛するようなものですから。

でも、めちゃくちゃ嫌いなものを愛するのは無理でも、好きでも嫌いでもないことを、少しだけ好きになるくらいだったらできるのではないでしょうか。少なくとも、あなたはそれをＮＥＥＤだと思っているわけですから、ちょっとしたきっかけで好きになることができるはず。

そのために、とっておきの方法があります。

それは〝感情〟を利用すること。そもそもＬＯＶＥというのは感情そのものなので、それを自分でコントロールできればいいのです。

何も洗脳や暗示といった難しいものでも、怪しいものでもありません。ただ、ちょっとだけ未来の自分を想像するだけでいいのです。

たとえば、歯医者に行くこと。歯の治療を好きな人は少ないと思いますが、誰もがＮＥＥＤだと思っているでしょう。嫌いだけど、絶対に必要といった典型的な「灰色の箱」のタイプです。

ここで、感情をうまく利用します。

虫歯の治療が終わったところを想像してみてください。

おいしいものを心置きなく食べられますし、日々、歯痛で苦悩することもありません。きれいな歯になった自分を想像すれば、すがすがしい気持ちにもなってきます。治療が終わった後の楽しいことを想像できれば、歯の治療はＬＯＶＥになるのではないでしょうか。

「本当にそれだけでＬＯＶＥになれるの？」

確かに未来の自分を想像するだけでは、「金の箱」に入れられないようなこともありますね。

そこで、もうひとつの感情を利用する方法が登場します。具体例を述べながら説明していきましょう。

✧それが〝ない〟ことの理不尽さを想像してみる

たとえば、トイレットペーパーを買うこと。これは好きでも嫌いでもないことですね。でも、NEEDなことではある。そこに感情が入るとしたら、正直、面倒くさいってことくらいでしょうか。

「灰色の箱」には、こういった感情にはあまり関係のないようなものがいっぱい存在します。日常生活に必要なものは、まさにその典型ですね。では、こういったものを「金の箱」に入れるためには、どうしたらいいでしょうか。

「ちょっと先の未来を考えてもねぇ……」

そうですよね。だから、この場合は、逆に〝ない〟ことを想像してみるのです。「もし、トイレットペーパーがなかったら」を考えてみるわけですね。公衆トイレにかけ込んだけれど、トイレットペーパーがなかったという経験は、誰でも人生で一度くらいはあるのではないでしょうか。

そのときの愕然とした感情を思い出してみてください。とたんに、トイレットペーパーが、ＬＯＶＥになってきませんか。

通常ならば、そこにあるべきものがなくなったとき、人はそのものの価値を「再認識」する傾向があります。

本当に必要なものであれば、〝ない〟ことを想像すれば、ＬＯＶＥに思えてくるのです。

「銀の箱」の中味を「金の箱」に移せば、あらゆる事がうまくいく

あなたが大金を手に入れたらどうなるか？

自分の人生が楽しいことばかり、LOVEなことばかりだったら、どんなに素敵でしょうか。たとえば、あなたの手元に、使い切れないほどの大金が舞い込んできたと仮定しましょう。

あなたなら、いったいどうしますか？

「仕事を辞めるんじゃない？」

そうですね。家を買ったり、高級車を購入したり、両親にプレゼントしたりしても、かなりのお金が残っています。働かなくても生きていけるとなれば、仕事を辞める人もいるかもしれませんね。

確かに、お金さえあれば、人生を楽しむために必要なものがすべて揃うかのように思えます。

でも、本当にそうなのでしょうか？

いきなり大金が手に入ったら、あなたに近づいてくるすべての人に対して「お金が目的かも」と思ってしまうようになるかもしれず、極度の人間不信に陥るかもしれません。

仕事を辞めてしまったら、定期収入がなくなります。いくら残高が多くても、毎月減り続ける金額を見ていたら、だんだん不安になってくるのではないでしょうか。

あるいは、あまり知識もないのにすすめられるままに金融商品を購入して、大損してしまうかもしれません。

「なんだか悲惨な人生ね」

たとえば、一カ月後に旅行に行く計画を立てたとします。本当は、一番楽しいのは旅行自体ではなく、準備をしているそれまでの一カ月間かもしれません。どこへ行こう、何を食べよう、どんな洋服を着ていこうと、いろいろ考えるのは楽しいですよね。

もちろん旅行自体も楽しいとは思いますが、実際は夢見ていたほどではないかもしれません。

それは、休日を楽しみに働くのと同じです。どんなに辛い仕事でも、楽しい休日のことを考えれば頑張れる。でも、実際に休日がきてみると、めちゃくちゃ楽しいものではなかったりもしますよね。中には、一日中寝て過ごす人もいるかもしれません。

もし、毎日が休日だったら、飽きてしまい、つまらない日々になるのではないでしょうか。仕事があるから、休日が楽しくなる。仕事があるから旅行が楽しくなる。

要するに、本当に幸せになるためには、ＬＯＶＥだけでは足りないのです。

◇自分の行動に大きな意味を持たせる

そこで、必要になってくるのがＮＥＥＤです。

あなたは無意識のうちに、社会とのつながりを必要としています。なぜなら、人間は一人では生きていけないからです。

たった一人で、自分がＬＯＶＥだと思うことだけを続けていても、一緒に共感してくれる人や世界がなければ虚しいだけではないでしょうか。

あなたは、自分がＬＯＶＥだと思うことをやりたいだけでなく、誰かに必要とされることを求めている――つまり、他人からの承認欲求を満たしたいとも言えるのです。

「どうすれば、ＬＯＶＥなものにＮＥＥＤを加えられるの？」

そこに〝大きな意味を持たせる〟ことがポイントです。

たとえば、音楽が好きで自分で曲を作っているとします。それはＬＯＶＥなことですが、あくまでも自己満足の世界でしかありません。メジャーデビューしたいという夢も、もともとは自分だけの欲求にしかすぎないのかもしれません。

でも、それにもっと大きな意味を持たせることは可能です。「自分の音楽で多くの人を元気にしたい」と願えば、それはＬＯＶＥ＆ＮＥＥＤになります。

ベストセラーの本を出したい。それは「より多くの人の悩みを解決したり、楽しい気持ちになってほしい」ということ。ヒット商品を生み出したい。それは「より多くの人の生活を豊かにしたい」ということ。おいしい料理を提供したい。それは「食べてくれる人を、幸せな気分にさせたい」ということ。会社の利益を上げたい。それは「他の従業員の生活を豊かにし、税金を多く納めれば国のためにもなる」ということ。

どうでしょう？　どんどん大きな世界が広がっていきませんか？　ＬＯＶＥなことにＮＥＥＤな意味を持たせる習慣が身につけば、世の中は不思議とうまく回り出すのです。

「金の箱」の容量を大きくする

LOVE & NO NEED

NEED & NO LOVE

NO LOVE & NO NEED

LOVEは感情、NEEDは意味づけ

ここまで、「黒の箱」の中を空っぽにする方法、「灰色の箱」から「金の箱」に移動させる方法、「銀の箱」から「金の箱」に移動させる方法を述べてきましたが、そうした習慣が身につけば、次第に「金の箱」に入るものが増えてくるでしょう。

「LOVEは感情で、NEEDは意味づけってことね？」

簡単に言ってしまうと、そういうことです。すべてのことにLOVEな感情、NEEDな意味づけをすれば、あなたの生活や仕事、人間関係など、ありとあらゆることが「金の箱」に入るようになります。

最初は、無理やりでもかまいません。楽しいフリをしたり、何事も前向きに明るく解釈するのもいいと思います。

とにかく、すべてのことを「金の箱」に入れるように努力してみましょう。

ここで簡単にまとめておきましょう。

・頭の中で常に4つの箱をイメージして、本当にLOVEなのか、本当にNEEDなのか考える習慣（「黒の箱」を空っぽにする）
・行為や物事に意味を持たせる習慣（「黒の箱」から「灰色の箱」へ）
・未来の自分の姿を想像する習慣（「灰色の箱」から「金の箱」へ）
・〝ない〟ことを想像する習慣（「灰色の箱」から「金の箱」へ）
・LOVEなものに、大きな意味を持たせる習慣（「銀の箱」から「金の箱」へ）

「それで本当に幸せになれるの？」

心配しなくても大丈夫。物事を常に「金の箱」に移す習慣を身につければ、そのうちに、すべての出来事が「金の箱」に入るようになってきます。

LOVE

LOVE & NO NEED

LOVEなこと
(NEEDではない)

LOVE & NEED

LOVEで
NEEDなこと

LOVEなものに
意味を持たせる

移動

ここに入る
ものを増やす

移動

NO
NEED

NEED

本当に
LOVE?
NEED?

行為や物事に
意味を持たせる

なかったとき
のことを
想像する

未来の自分の
姿を想像する

移動

NO LOVE & NO NEED

LOVEでもなく
NEEDでもないこと

NEED & NO LOVE

NEEDなこと
(LOVEではない)

NO LOVE

◆「金の箱」をどんどん大きくする方法とは？

人間の脳は不思議なもので、目の前にあっても、興味のあるものしか見えないという性質があります。

たとえば、車が欲しいと思ったとします。すると、あなたは街中を走っている車に目がいくようになります。さらに、車の広告がやたらと目につくようになり、まるで急に広告が増えたようにすら感じます。

まさに人の脳というのは、自分が興味のあるものしか見ていないのです。逆に言えば、**興味を持てば、そのことばかりが目に飛び込んでくるということ**です。

「確かに私にはイケメンばかり見えるわ！」

わかります。好きな人ができると、その人のことばかりが気になって、他の人のことなんて目に入らなくなりますよね。

根本的には、それと同じことです。あなたの興味が「金の箱」、つまりＬＯＶＥ＆ＮＥＥＤなものだけになれば、それ以外のものを、脳は勝手に避けるようになるわけです。

あなたの脳は、もう「金の箱」しか見えません。そして、あなたの頭の中にある「金の箱」の容量が大きくなっていきます。すると、どんどんＬＯＶＥ＆ＮＥＥＤなことが入ってくるのです。

この本の最終目標は、**あなたの人生に起こるすべての出来事を、「金の箱」に入れるものでいっぱいにすること**です。基本的には、本章で述べてきたような習慣を身につければ、あなたはその目標を達成することができるでしょう。

しかし、そのためには概念だけでは少し物足りないような気がします。もう少し細かくテーマごとに分け、実践を行えば、さらにはっきりといろいろなことが見えてきます。

そして、必ずやあなたの人生は幸せで満たされるはずです。

次章からは、人間関係や仕事、日常生活など、具体的なテーマに沿って、４つの箱の法則を見ていくことにしましょう。

第

章

LOVEとNEEDで人間関係を仕分ける

LOVEとNEEDで人間関係を仕分ける

本当に大切な人は誰かを考える

周りの人たちを4つの箱に仕分けしてみよう。

◇人間関係が良くなれば、人生はとても楽しくなる

あなたが抱えている悩みの多くは、人間関係にあると言っても過言ではない、と言えるのではないでしょうか。

会社の上司とうまくいかなかったり、友人とトラブルを起こしてしまったり、なかなか恋人ができなかったり……。そこには、必ず原因があります。

そこで、本章では、上司や同僚、取引先といった仕事における人間関係だけでなく、恋人や家族、友だちといったプライベートでの人間関係にも触れたいと思います。

「人間関係がLOVE&NEEDになれば、幸せになるってことね？」

その通り。仕事で大成功をしなくても、お金持ちになれなくても、人間関係が良ければ、それだけで幸せだと思いませんか？

考えてもみてください。私たち人間は、一人では生きていくことはできません。社

会に属している限り、誰かと何かしらの接点があるものです。たとえ引きこもりの人であっても、それを支えてくれる家族の存在があるはずです。

つまり、**人間関係が良ければ幸せですし、逆に悪ければ不幸に感じるのです。それだけ人間関係は、あなたの人生にとって大きなテーマとも言えるでしょう。**

前置きはこれくらいにして、さっそくワークを行ってみましょう。

◆あなたの人間関係を4つの箱に仕分けしてみよう

現在のあなたの人間関係を書き出してください。家族、友だち、知り合い、近所の人、会社の人など、頭の中に思い浮かぶ人をどんどん4つの箱に仕分けしていきましょう。

誰かに見せるものではないので、ちょっと厳しめに仕分けするのがポイント。表向きは親友と言っていても、本心ではＬＯＶＥではない場合もあるでしょう。

確かに、友だちや知り合いをＮＥＥＤだけの人と言い切ってしまうのは、少し気が引けるのもわかります。人が絡むとついつい情に流されてしまいがちですが、そこはきっちりとLOVEかどうか、NEEDかどうか、割り切って考えてください。

「人を仕分けするなんて、なんだか変な気分ね？」

思わず「あんた、何様？」って、自分に問いかけてしまいそうですよね。でも、この作業を行わなければ、いつまでも人間関係で悩むことになってしまいます。ここは心を鬼にして、冷静に仕分けしてみてください。

さて、書き出すことができたでしょうか？「金の箱」と「銀の箱」に入った人の数と、「灰色の箱」と「黒の箱」に入った人の数は、どちらが多かったでしょうか？

「『灰色の箱』と『黒の箱』の人が多くなっちゃったわ……」

心配する必要はありません。人間関係のほとんどは、好きでも嫌いでもない人たちで成り立っているからです。

「金の箱」に入った人は、本当に大事な人です。詳しい説明は不要ですね。これからも大切にしてください。

「銀の箱」に入った人も貴重な存在です。LOVEな人とは一緒にいるだけで楽しいですし、幸せな時間も過ごせます。

ここで、「銀の箱」の人にNEEDが加わったらどうなるかを想像してみましょう。たとえば、あなたが落ち込んでいるとき、悩んでいるときに、親身になって相談に乗ってくれたり、元気を与えてくれたり、癒やしてくれたりすれば、その人は「金の箱」の「真の親友」になるのではないでしょうか。

当然のことですが、あなたがその友人のLOVE&NEEDでなければ、相手がLOVE&NEEDになってくれることはありません。「銀の箱」に入った人に対して思いやりを持ち、大切に接するようにしてください。

「灰色の箱」と「黒の箱」に入ってしまった人たちについては、次項からその対策についていて、じっくり考えていきたいと思います。

ただの知り合いを「友人」にする

◆普通の知り合いを親友に変えてみよう

LOVEでもNEEDでもない「黒の箱」に入った人たちは、どういった理由で仕分けされてしまったのでしょうか?

中には本心から、嫌いな人もいるかもしれません。生理的に苦手な人、一緒にいるだけでイライラしてしまう人、口が悪い人、陰で人の悪口を言う人、高飛車な人……。

また、好きでも嫌いでもない人で、特にNEEDでもないと判断され、仕分けされてしまった人も多いでしょう。ただの知り合い程度であれば、そのままでもいいかもしれません。

でも、「黒の箱」に入ってしまった人が、あなたの生活に関わる頻度が高く、ストレスを与えるような存在であるならば、迷わず改善したほうがいい。また、ただの知り合いであっても、LOVEやNEEDになったほうが、あなたの生活は間違いなく楽しいものになるはずです。

これに対して、嫌いな人、苦手な人は少しハードルが高いと思いますので、まずは

LOVEでもNEEDでもない〝ただの知り合い〟を「銀の箱」、「灰色の箱」、最終的には「金の箱」に入れることから考えていきましょう。

「別にただの知り合いのままでもいいんじゃない？」

確かにそれでもいいのですが、現状のままでは少しも進歩がありません。私たちは、いろいろな人から影響を受け、多くの人の助けを得て、自分の目標を達成していきます。ですから、親しい人が多いほうが、あなたの人生はより豊かになり、幸せなものになっていくのです。

「周りにLOVE&NEEDな人ばかりだったら、確かに幸せね」

そうなんです。ですから、まずはただの知り合いを「灰色の箱」に移動させることから考えていきましょう。

相手に興味を持ち、時間を共有する

そのためには、なぜその人があなたにとって、〝ただの知り合い〟なのかを考えるのがポイントです。その理由は、おそらく相手のことをよく知らないからではないでしょうか。よく知らなければ、LOVEになることもNEEDになることもないですよね。

相手はどんなことに興味を持っていて、どんなことが好きなのか。どんなことを目指していて、どんなことを頑張っているのか……。

「その人に興味を持てばいいということ？」

その通り！　まずはその人に興味を持って、いろいろなことを共有すれば、自然と相手の魅力がわかってきます。

可能であれば、一緒に仕事をするのが一番いいのですが、たまに会って情報交換をするだけでもいい。ただランチを一緒に食べるだけでも、その人のことを理解するチャンスです。

また、今はＦａｃｅｂｏｏｋやツイッター、インスタグラムなどのＳＮＳを通じて、相手をよく知ることもできます。そういう意味では、昔よりも人と人の距離を近づけやすくなったと言えるでしょう。

その人に興味を持ち、魅力的なポイントを発見することができれば、「銀の箱」に入れることができますよね。もし自分の夢や目標と、その人がやっていることがリンクするようであれば、それはあなたにとって、もう立派なＮＥＥＤになるのです。

そして、一緒に夢を達成する仲間になれば、その人は一番重要な「金の箱」――つまり「真の親友」になるというわけです。これって、とても素晴らしいことだと思いませんか？

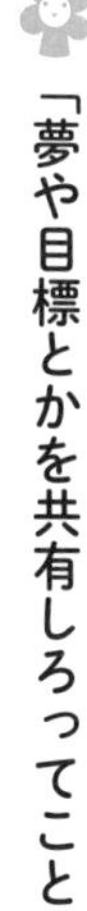

「夢や目標とかを共有しろってこと？」

それが理想的ですが、すべての人と夢を共有できるわけではありませんよね。ここは、もっとゆるく考えてみてもいいと思います。

たとえば、「その人の考え方が好き」「いつも笑顔で前向きだな」「思わず応援してしまう」といった、些細なことでもいい。

その人に会うだけで、元気になったり、ポジティブになったりするのであれば、それはもうあなたにとって、立派なLOVE&NEEDな人と言えるのではないでしょうか。

LOVEとNEEDで人間関係を仕分ける

苦手な相手を克服する

まずは苦手な人をじっくりと観察してみる

どうしても苦手な人――。そういう人には、いくら興味を持とうとしても、時間を共有したとしても、なかなかLOVEにはなれないものです。

でも、人間は誰でも完璧ではありません。良いところもあれば、悪いところもあるものです。だから、苦手だと感じる人にも、LOVEな部分がきっとどこかにあるはずです。そう思って相手のことを観察しましょう。

「観察するのも嫌なんですけど……」

それほど嫌だったら、相手を避けて生きていくしかないですね。可能であれば、関わらないようにすればいい。

でも、どうしても避けられない関係もあります。仕事相手や肉親、近所の人などは、簡単に関係を断ち切ることはできないと思います。

転職したり、引っ越したりすればいいという意見もあるでしょうが、それはそれで大変なこと。膨大なエネルギーが必要ですし、また新たな人間関係を構築しなければいけません。

ですから、転職や引っ越しは、これから述べることを実践して、ダメだったときの最終手段に取っておいてください。

◆相手を自分のフィールドに引き込んでみる

では、その人のことを観察するという話に戻りましょう。

相手を観察するときのポイントは、できる限り感情的にならないこと。曇った眼鏡で見ると、どうしてもその人の悪いところばかりが目についてしまうものです。

ここは、何がなんでも良い点を探すという気持ちで臨んでください。誰でも、長所のひとつや2つは持っているもの。その人の意外な一面を見つけることができるかもしれません。

たとえば、意外と家では子煩悩だったり、知らない間にあなたをフォローしてくれていたり、サッカーの話になったら目を輝かせたり、話題が豊富だったり、陰で勉強していたり、言葉足らずだけど深く物事を考えていたり、視点が独特だったり、発想が豊かだったり……。

そういう長所をひとつでも発見できたら、相手を認めることができるのではないでしょうか。何もその人のことを、すべてLOVEになる必要はありません。ある部分は嫌いだけど、この部分はLOVEという程度でもいい。ここだけはNEEDだなと思えるだけでも、御の字ですね。

「小さなLOVE、小さなNEEDを探すってことね」

その通り。でも、それでもLOVEになれない場合もありますよね。そのときは、その人自身ではなく、相手との会話をLOVE&NEEDにする方法もあります。

たとえば、どうしても苦手な人と会話をしなければならないような場合、まずは相手を自分の世界に引き込むわけです。

互いに利益となる話をすることができれば、それは必然的にＮＥＥＤになりますよね。無駄な会話はできるだけ少なくして、建設的な話をしてみるのです。実際に、その話が意味のあるものになれば、会話すること自体もＬＯＶＥになってきます。

その人自身のことは好きになれなくても、仕事を達成できたときのことを考えれば、会話は楽しくなるもの。目の前にいる相手をどう思うかではなく、結果としてあなたにとってプラスとなることを探すことができれば、それだけで儲けものです。

特に苦手な相手の場合、どうしても会話を早く終わらせたいと思ってしまうものですよね。

相手にフォーカスするのではなく、その場をあなたにとって有益な、ＬＯＶＥ＆ＮＥＥＤなものにする。そうすれば、少なくとも、その人に対する苦手意識はなくなるのではないでしょうか。

仕事相手を
4つの箱に分類する

◆仕事の人間関係は損得勘定がつきもの

仕事での人間関係について、もう少し詳しく考えてみましょう。

相手が友だちではなく、仕事相手であれば、4つの箱に仕分けするとき、少し基準が違ってくるかもしれません。

本音で言ってしまえば、その関係の裏には、損得勘定が見え隠れするのではないでしょうか。

「この人と関わるのは、自分にとって得だろうか」と考えたことは、誰でも一度くらいはあるかもしれません。

でも、それは別に悪いことでもなんでもないですよね。むしろ、その人の持っているスキルやユニークなアイデア、バックにある人間関係、勤めている会社や役職を理由に、相手を信頼することのほうが多いと思います。

それは、相手も同じこと。あなたが仕事相手として信頼されるためには、ただ優しい人というだけでは物足りません。

相手のメリットになることを提供できてこそ、仕事での関係が良好になるのです。

そのためには、仕事相手を４つの箱に仕分けすることから始めます。まずはあなたが持っている名刺を、４つの箱に分けてみてください。

「名刺の整理にもなるわね」

名刺を整理することは、仕事相手を整理することでもあります。その中には、ただあいさつしただけの人もいるかもしれません。あるいは、長い間、連絡を取っていないけど、また一緒に仕事をしたい人を思い出すきっかけになることもあるでしょう。

実際の仕事内容だけでなく、誰と一緒に仕事をしてきたかという歴史は、あなたにとって非常に重要なことなのです。

◆名刺を4つの箱に仕分けると見えてくるものがある

さて、名刺の仕分けはできたでしょうか。

どのくらいの人がLOVE&NEEDな「金の箱」に入りましたか？　それほど多くはないかもしれませんが、その人たちはあなたの大事な仕事仲間であり、貴重な財産ですから、これからも大切にしてほしいと思います。

LOVE&NO NEEDな「銀の箱」に入った人の数は、さほど多くないかもしれません。まだ一緒に仕事をするほどではないけれど、なんとなく気が合いそうだったり、どこか魅力的で印象に残った人たちだったのではないでしょうか。

あなたが「いつか一緒に仕事をしたい」と強く思っていれば、いずれ接点が生まれてくるかもしれません。「銀の箱」に入った人たちは「金の箱」の予備軍ですので、いつでも連絡がつくようにフォローしておいたほうがいいですね。

そして、一番多くの名刺が入ったのは、おそらくＮＯ ＬＯＶＥ＆ＮＥＥＤな「灰色の箱」でしょう。もちろんビジネス上の付き合いですから、「灰色の箱」のままでも問題はありません。でも、どうせ一緒に仕事をするなら、ＬＯＶＥな人とできるに越したことはありませんよね。

とはいえ、「金の箱」や「銀の箱」でなく、「灰色の箱」に入った人と仕事をしなければいけない状況も起こるはずです。その場合は、先ほど述べたように、その人の良いところを発見したり、時間を共用したり、同じ目標を持ったりすれば、自然にＬＯＶＥになってくるはずです。ぜひ実践してみてください。

「『黒の箱』に入った人はどうすればいいの？」

あなたにとって、ＬＯＶＥでもＮＥＥＤでもないのですから、無理に一緒に仕事をしなくてもいいのではないでしょうか。

そんなに簡単に割り切れるものではないかもしれませんが、そもそも損得勘定で考えれば、あえて「損」を取る必要はないということです。

最も重要なのは、今のあなたがどのような人たちと仕事をしているのか、４つの箱で把握すること。「黒の箱」ではなく、「金の箱」の人と一緒に仕事をする機会を増やせば、人間関係に悩むこともなくなり、もっと仕事が楽しくなるはずです。

苦手な上司を「金の箱」に入れる

好きではない上司とのうまい付き合い方

さて、仕事における人間関係で一番問題になるのは、やはり上司との付き合い方ではないでしょうか。

私たちは仕事を選ぶことはできても、上司を選ぶことはできません。上司が「金の箱」に入るような人は本当にラッキーですが、そうではない人がほとんどのはずです。でも、上司が「灰色の箱」に入るような人、つまり、別に好きじゃないけれどNEEDではあるという人は、それほど問題ではありません。

「たとえNEEDでも、上司のことが嫌いだったらストレスなんですけど……」

その場合は、上司をNEEDと思った理由を明確にしてみましょう。あなたは、なぜ「黒の箱」ではなく、上司を「灰色の箱」に入れたのでしょうか。

その理由を考えれば、自然と上司の良いところが目につくようになってくるはず。

たとえば、次のように考えます。

・最後は責任を取ってくれるから→責任感がある
・明確な指示を出してくれるから→決断力がある
・まとめる人がいなければ困るから→統率力がある
・結果を出しているから→仕事ができる
・ミスをチェックしてくれるから→管理能力がある
・私の意見を尊重してくれるから→懐が広い
・発言に説得力があるから→経験と覚悟がある
・プレゼンが得意だから→コミュニケーション能力が高い

「そんな理想的な上司って、なかなかいないんじゃない？」

もちろん、ここで挙げたことをすべて満たしているような上司であれば、「金の箱」に入りますよね。でも、あなたの上司にも、どれかひとつくらいは当てはまるのではないでしょうか。

上司の長所がはっきりすれば、他のことがイマイチでも、目をつむることができるはずです。前にも触れましたが、完璧な人間、すなわち完璧な上司などいないのですから。

その上司が嫌いな理由をあえて考えてみる

「それでも、何ひとつ良い点を見つけられなかったら？」


そうですね……。非常に難しい問題ですが、思い切って嫌いな点を考えてみるのも有効な手段です。

あなたが嫌いだと感じる点も、別の視点から見れば良い点になるかもしれません。

あなたが物事をどう捉えるかで、実は多くのことが変わってくるのです。

たとえば、こういうふうに考えてみてください。

・無理なノルマを課してくる ↓私を厳しく育ててくれる
・すぐに怒る ↓私に期待している
・意見を聞いてくれない ↓もっと考えるように促している
・仕事を無茶振りする ↓仕事の限界を引き上げてくれる
・雑用をさせられる ↓私を一番手元に置いておきたい
・飲み会で説教される ↓仕事の経験を伝授してくれる
・あちこち連れ回される ↓人脈を広げさせてくれる

「ちょっと無理がありそうな気が……」

それでいいのです。無理やりかもしれませんが、自分に都合のいいように解釈して、嫌いな上司からのストレスを軽減することが目的なのです。

また、上司の性格や行動に注目するのもいいでしょう。

その上司のクセなどをよく観察して、４つの箱に仕分けしてみるのです。そうすると、情に脆かったり、高い目標を掲げていたり、熱い魂の持ち主であることがわかったりして、意外な魅力を発見するかもしれません。

まずは、人としてどの箱に入るのかを仕分けてみる。そこで、もし「灰色の箱」や「黒の箱」に入ってしまった場合は、その人の性格や気質を仕分けてみる。

その中で何かひとつでもいいので、嫌いな上司のＬＯＶＥな点を発見して、それを大切にする。そうすれば、あなたのストレスは、大きく軽減され、職場も楽しくなってくるはずです。

ケーススタディ 1

上司のことが嫌いな会社員に
その理由を仕分けしてもらいました

LOVE

LOVE & NO NEED

- 人間味がある

LOVE & NEED

- 真摯に仕事に向き合っている
- 人脈が広い

NEED

黒

NO LOVE & NO NEED

- すぐに怒る
- いつも不機嫌
- おもしろくない冗談を言う

NEED & NO LOVE

- 厳しいことを言われるけれど、間違ってはいない
- 仕事を進める上で必要な存在

Ａさん（20代・男性）は、正直言って上司が嫌いだったそうです。「いつも不機嫌なんですよ。しかも理不尽な怒り方をする」と言って、嘆いていました。

そこで、その上司のことを、４つの箱に仕分けてもらいました。無理やりでもいいので、「金の箱」や「銀の箱」に入ることも考えてもらったのです。

Ａさんは、はじめは「黒の箱」に入る項目から書き出しました。そして、「灰色の箱」の項目を書いたところで、ストップしてしまいました。

そして、少し時間が経ってから、ゆっくりと「金の箱」の項目を書き出し、続いて「銀の箱」もなんとか埋めることができました。

Ａさんは溜め息をつくと、こう言いました。「今まで上司の好きなところなんて、考えたことすらありませんでした。でも、冷静に分析してみると、確かに良いところはありますね」。さらに「良いところを見つけたら、すべてを否定することはできなくなってきました。少しは歩み寄れそうな気がします」と笑みを浮かべました。

Ａさんは、上司が嫌いだという思いがあまりにも強すぎて、良いところを見ることもできなかったのでしょう。

４つの箱の仕分けは、感情的にはならず、相手を冷静に、かつ客観的に見るための有効な手段でもあります。

少しだけかもしれませんが、Ａさんは苦手な上司を克服し、歩み寄れるきっかけをつかめたようです。

恋人、パートナーとの関係を4つの箱で改善する

夫や妻、恋人など大事な人の
LOVEなところ、NEEDなところを挙げて、
4つの箱に仕分けしよう。

LOVE

銀
LOVE & NO NEED

金
LOVE & NEED

NO NEED

NEED

黒
NO LOVE & NO NEED

灰
NEED & NO LOVE

NO LOVE

愛するがゆえの悩みを解決する方法

今までは仕事絡みの人間関係の話が多かったので、ここでは少しプライベートな人間関係に踏み込んでいきたいと思います。

その中でも、あなたに最も影響力を与える、恋人やパートナーのことを考えてみましょう。

「恋人なんだから、LOVEなんじゃないの？」

確かにそうなのですが、恋人のことで悩んでいる人が多いのも事実です。LOVEが強いからこそ、悩みも大きいに違いありません。

また、LOVEが強ければ強いほど、逆に嫌いになることもあります。「かわいさ余って憎さ百倍」とも言いますしね。

さっそくですが、あなたの恋人、もしくは夫や妻などパートナーのことを4つの箱に分類してみましょう（恋人やパートナーがいない人については、140ページで触れることにします）。

相手のLOVEなところ、LOVEじゃないところ、NEEDなところ、NEEDではないところを4つの箱に仕分けしていきます。

顔や身長、体型、服装といった見た目から、趣味や好み、優しさやプライドの高さといった内面まで、思いつく限り書き出してみてください。収入やクセ、よくお酒を飲むといった習慣、言葉遣いまで仕分けしてもいいでしょう。

要するに、恋人やパートナーのことを丸裸にして、どういうところが好きなのかを明確にしようというわけです。これは、相手のLOVEなところを再確認する作業でもあります。

問題なのは、LOVEでもNEEDでもない「黒の箱」に入った項目です。

わかりやすい例で言えば、「浮気症」「無駄遣いが多い」「お酒を飲むと乱暴になる」「働かない」「時間にルーズ」「話を聞いてくれない」「店員に対して横柄な態度を取る」「言い方がきつい」「すぐイライラする」というようなネガティブなものです。

他の人から見れば、「そんな人とは別れたほうがいい」と思うようなことでも、L

ＯＶＥがあるがゆえに、あなたの悩みの種になってしまいます。

「恋は盲目ってことね」

言い換えれば、盲目になるほど恋は素敵だということですが、それで悩むのであれば、少し頭を冷やす必要があります。そのために、４つの箱に仕分けしてもらったわけです。

冷静になって、「黒の箱」に入った項目を見てください。「金の箱」や「銀の箱」の項目と見比べてみて、あなたは今の相手と幸せになれそうですか？

「それでもかまわない」と判断するのもいいでしょうし、「これは無理だ」と考えて、別れという選択をするのもいいでしょう。どちらにしても、自分で納得して覚悟を決めれば、悩みを克服できるのではないでしょうか。

少なくとも、ただ悩んでいるだけではなく、相手と話し合いをするなどの行動に移るきっかけになるはずです。

◇恋人や結婚相手が早く見つかる方法

次は、恋人が欲しいのになかなかできない人、結婚をしたいのになかなか相手が見つからない人について考えます。

あなたはいったいどんな相手を望んでいるのでしょうか？ これも４つの箱に仕分けしてみましょう。

恋人や結婚相手が見つからないのは、単に出会いがないというだけでなく、理想が高いからかもしれません。

「高望みするなって言いたいわけ？」

いえいえ、滅相もありません。あれこれ望むよりも、どうしても譲れない条件を明確にしておいたほうが、失敗しにくいと言いたいだけです。

「金の箱」に入った項目を常に意識していれば、自然とそれにふさわしい人が目に留まるようになります。第2章の「06『金の箱』の容量を大きくする（96～102ページ）」でも述べましたが、私たちの脳は目の前にあるすべてのことではなく、興味のあることしか見えないようにできているのです。

ですから、あなたが恋人や結婚相手に譲れない条件をはっきり意識することが、最も重要なのです。その条件をクリアした人が次から次へと、あなたの視界に入ってくるようになるはずです。

ケーススタディ②

独身女性が結婚相手に望むことを4つの箱に仕分けしてもらいました

LOVE

LOVE & NO NEED

- かっこいい
- おしゃれ
- やさしい
- 背が高い
- 趣味が同じ
- 収入が多い

LOVE & NEED

- 家事を手伝ってくれる
- 私の仕事を認めてくれる
- お互いに尊敬し合える関係
- 何かに真剣に取り組んでいる

NEED

NO LOVE & NO NEED

- 太っている
- タバコを吸う
- ギャンブルをする
- 人前で怒ったりする

灰

NEED & NO LOVE

- 安定した職業

もうすぐ40歳になるBさん（30代後半・女性）は、結婚に焦っていました。相手を見つけるために婚活をしているそうですが、理想の相手が見つからないとのこと。

最初に話を聞いたとき、Bさんが相手に望む条件は、とてもハードルが高いように感じました。ただ、どの条件が優先順位の上位にくるのか本人も明確ではないようなので、4つの箱に仕分けしてもらうことにしました。

Bさんは最初、「収入が高い」という項目を「金の箱」に入れていたのですが、途中で「銀の箱」に入れ直しました。その理由を聞くと、「確かに高収入のほうがいいですが、普通に収入があれば問題ないと思い直しました」と答えてくれました。

それよりも、「自分も仕事をしているので、その仕事を続けさせてもらえるほうが嬉しいですね。私の仕事を理解し、家事や育児を手伝ってもらえるほうがいいです」と話しました。同時に、何がなんでも結婚したいと思っていた自分は、間違っていたのではないか、ということに気づいたそうです。

「結婚だけが人生の幸せではないですよね。私は今、好きな仕事に恵まれているので、別に焦らなくてもいいような気がします」

心にゆとりが生まれたBさん。結婚相手に対する条件もはっきりしたので、これからきっといい出会いが待っているに違いありません。

LOVEとNEEDで人間関係を仕分ける

07

人脈を広げる「4つの箱引き寄せの法則」を使う

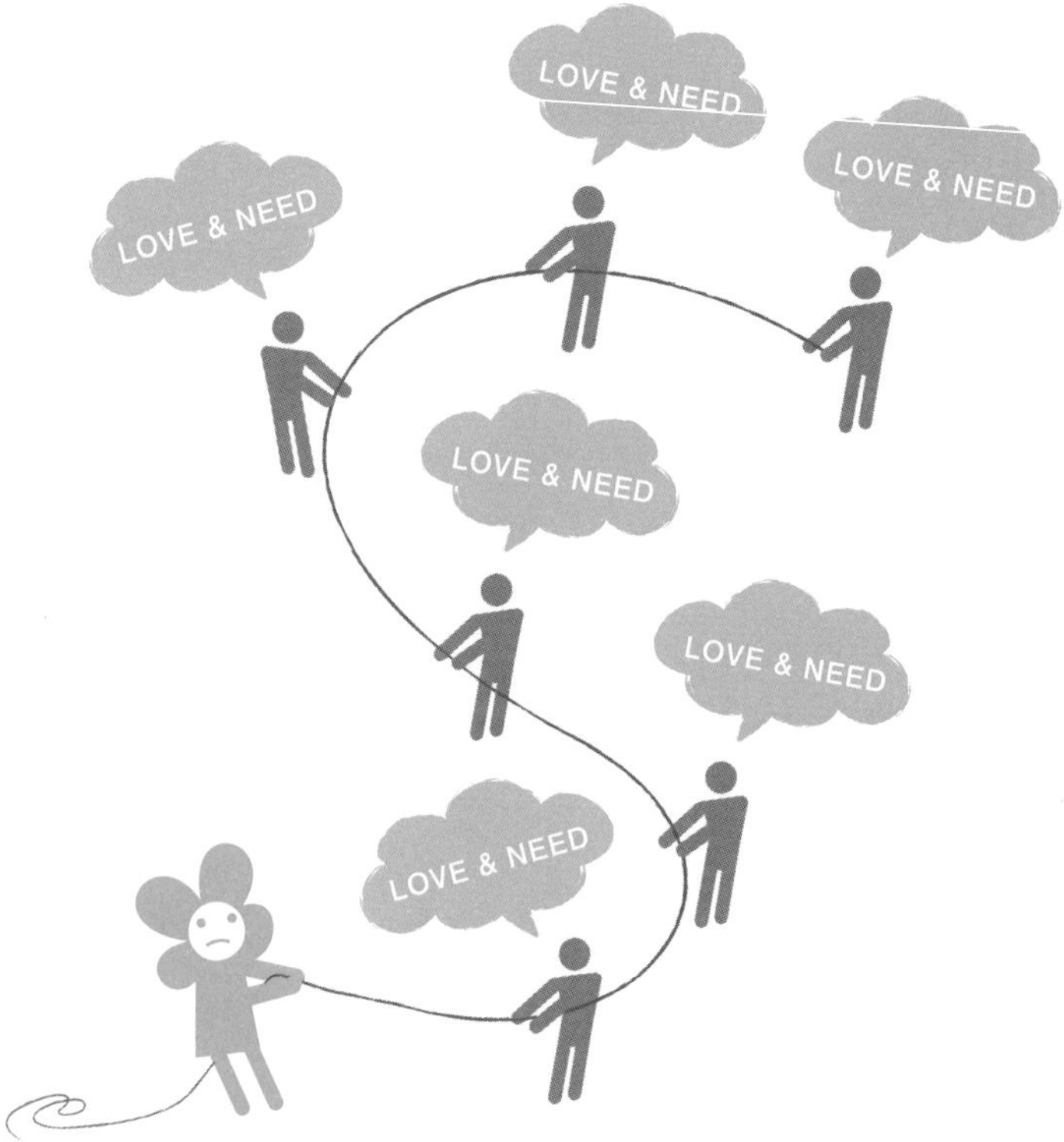

芋づる式に人脈が広がる方法

私たちは、なぜ人脈を広げたいと思うのでしょうか。

人脈を広げることで、自分の可能性を高めたい人もいれば、単純に友だちが多ければ多いほど嬉しい人もいるでしょう。仕事で成果を出したい人もいれば、魅力的な人と知り合いになりたい人もいるかもしれません。

どのような理由であれ、人脈を広げることのメリットは大きいものです。ただ、それがどうでもいい人ばかりだったら、あまり意味がないのも事実です。

そこで、おすすめしたいのが「4つの箱的人脈の広げ方」です。

「恋人を探したいときみたいに、どんな人と知り合いになりたいか考えるの？」

それも有効かもしれませんが、結果的に同じような人ばかりと知り合うことになってしまいます。「理想的な一人」を探すのではないので、まずはいろいろな人と知り合いになるほうがいいですね。

4つの箱的人脈の広げ方とは、あなたがLOVE&NEEDだと思っている「金の箱」の人から、他の人を紹介してもらう方法です。

なぜなら、「金の箱」の人の紹介ならば、あなたにとってもLOVE&NEEDな人である確率が高いからです。類は友を呼ぶというように、「金の箱」の人は「金の箱」の人を芋づる式に呼んできてくれるのです。

「それって、引き寄せの法則みたいね」

そう。まさに「引き寄せの法則」です。常に「金の箱」の人のことを考えていれば、「金の箱」の人が寄ってくる。気づいたときには、あなたの周りは「金の箱」の人ばかりになっているのです。

そのためには、あなたは「金の箱」の人に「自分の大事な人を紹介したい」と思ってもらう必要があります。つまり、相手から見て、あなた自身がLOVE&NEEDな人にならなければいけません。

人間関係は、あなたを映し出す鏡でもあります。魅力的な人には、魅力的な人が集まってきますし、愚痴ばかり言っている人には、同じように愚痴を言う人が集まってきます。

これまで述べてきたように、４つの箱の法則を利用すれば、あなたは間違いなく周囲の人から見て、ＬＯＶＥ＆ＮＥＥＤな人間になれるはず。仕事もプライベートも充実して、夢に向かって努力していれば、誰から見ても魅力的に映るのです。

そうなれば、わざわざ自分から「誰かを紹介してほしい」と言わなくても、相手から勝手に紹介してくれるようになります。まさに芋づる式に、幸せがやってくるのです。

ただ、常に受け身でいるのはあまり好ましくありません。**ＧＩＶＥ＆ＴＡＫＥと言うように、ＧＩＶＥ（与える）が先にあり、後からＴＡＫＥ（受け取る）があるのです。**

◇あなたがキーパーソンになることが大切

では、相手にGIVE（与える）するには、どうすればいいのでしょうか。何も堅苦しく考える必要はありません。あなたも「金の箱」の人に、他の「金の箱」の人を紹介すればいいのです。

たとえば、飲み会を開催してもいいし、何かの会合があれば、両方の「金の箱」の人を誘ってみるのもいい。もう少し真面目な集まりにしたいのであれば、勉強会を主催してもいいでしょう。そうすれば、きっと同じような志を持った人が、あなたの周りに集まってくるに違いありません。

人脈を広げる一番いい方法は、自らが主催者となって、なんらかの会を開催することです。

それは、あなたが人脈の「ハブ」になることができるから。

「ハブ」とは、中継役のことです。

「あの人がキーパーソンだ」と思ってもらえれば、多くの人があなたに協力を惜しま

なくなるでしょう。

「なんだか、ちょっと面倒くさそうね……」

だからこそ、やる価値があるのです！　誰もが人脈を広げたいと思っていても、わざわざ面倒な幹事役はやりたくない。みんなのために労を惜しまず、あなた自身が積極的に行動すれば、必ず認められ、感謝されるに違いありません。

それこそが、大きなＧＩＶＥですよね。ＧＩＶＥが大きければ大きいほど、返ってくるＴＡＫＥも大きくなるのです。

第4章

LOVEとNEEDで仕事を仕分ける

LOVEとNEEDで仕事を仕分ける

あなたの仕事が、どの箱に入るかを考える

今取り組んでいる仕事内容を
4つの箱に仕分けしよう。

LOVE & NO NEED

LOVE & NEED

NO NEED

NEED

NO LOVE & NO NEED

NEED & NO LOVE

NO LOVE

まずは仕事を4つの箱に仕分けてみよう

さて、本章では、仕事について考えていきたいと思います。

「仕事をLOVE&NEEDにしようってわけね？」

そう、まずはあなたが現在行っている仕事内容を、4つの箱に仕分けすることから始めてみましょう。右ページに書いてもいいですし、ノートに書いてもいいです。とにかく思いつく限り、具体的な仕事内容をどんどん仕分けしてみてください。

「金の箱」に入った仕事はありましたか？　さすがに「銀の箱」には何も入らなかったのではないでしょうか？　ほとんどが「灰色の箱」に入ってしまいましたか？「黒の箱」に入ったものもあったでしょうか？

まずは現状をしっかりと把握してください。すべては、そこからスタートです。

「灰色の箱」の仕事は本当に必要かを疑う

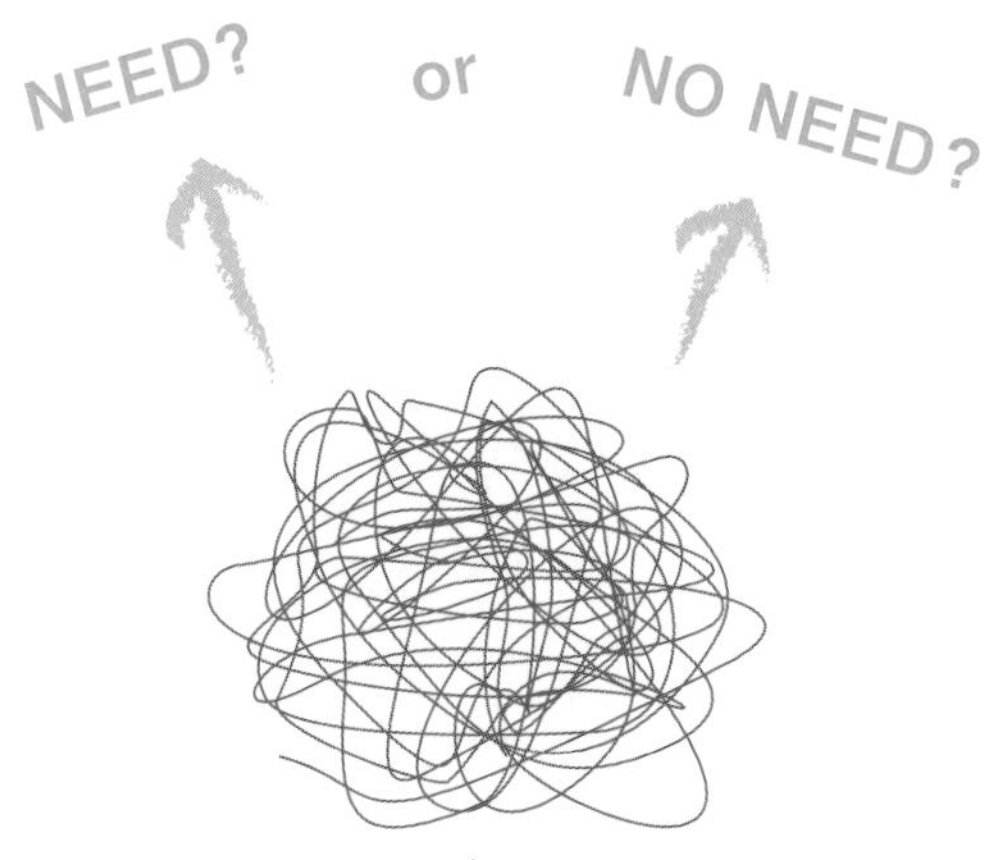

◆本当にその仕事は必要なのか問いかけてみる

4つの箱に仕分けした結果を、改めて見てみましょう。

仕事ですから、ＬＯＶＥだけの「銀の箱」に入った項目はほとんどないと思います。「黒の箱」に入った仕事についての対処は、単純明快ですね。上司や会社などから止められるかもしれませんが、基本的になくしていく方向性でいいと思います。

問題は「灰色の箱」。この箱の中は、まさにカオス状態。正直、あらゆる仕事と感情が入り混じっているのではないでしょうか。

その中には、よくよく考えてみるとＮＥＥＤではないもの（本来「黒の箱」に入るもの）、もしくはＬＯＶＥになりうるもの（「金の箱」に移動できるもの）が潜んでいる可能性があります。「灰色の箱」に入ったものを、いかに「金の箱」に移すかが重要になってきます。

NEEDなものをLOVE&NEEDにすることが、仕事において最も大切なことなのです。

ですから、まずは「灰色の箱」の中を整理することから始めましょう。それぞれの仕事について、本当にNEEDかどうか、もう一度、自分に問いかけてほしいのです。

「本当に、その仕事って必要なの？」

そうです。そんな感じで、自分に聞いてみましょう。

必要だと思う理由が、「上司が言うから」「みんながしているから」「そういう決まりだから」といったものだったら、ちょっと待ってください。

それって、本当に必要なことなのでしょうか？

◆無意味な仕事を有意義にする方法

もし本当に無意味な仕事ならば、同僚たちも「ないほうが嬉しい」と思っているはずです。あるいは、もっと有意義なものへと変えるほうが、会社や社員のためでもあるでしょう。

無意味な仕事の代表選手として、無駄な会議が挙げられます。もし、あなたがその会議が無意味だと思っているならば、どうすればいいでしょうか。

「ボイコットしてみる?」

そんなことをしたら、自分の立場が悪くなってしまいます。そうではなく、無駄な会議を有意義な会議に変えるというのはどうでしょう。つまり、その会議の必要性を再確認するわけです。

たとえば、ただの報告会で終わるのではなく、参加者同士で意見や経験を共有すれば、その会議は有意義になります。あなたから「そのような場合は、○○したらうまくいったよ」と提案すればいいですし、逆に他の社員に「こういうときはどうしたらいいですかね?」と尋ねてもいいでしょう。

これは、会議だけでなく、資料作成や業務日誌、ルーティンワークといったことでも同じです。NEDを感じられない仕事があれば、思い切って上司に疑問を投げかけてみるのも選択肢のひとつでしょう。いい上司であれば、仕事に疑問を持ち、改善策を提案してくる部下を煙たがらないはずです。

「そんなに理解のある上司ばかりじゃないんじゃない？」

確かにそうかもしれませんが、それは提案の仕方次第です。

「こんな会議は無駄ですよ。もっと新しい企画を提案するような会議にしましょうよ」と言ったら、上司はカチンとくるでしょう。それは暗に、上司の仕事ぶりを批判していることにもつながるからです。

でも、「次の会議で新しい企画を提案してもいいですか？」と聞けば、多くの上司は「いいよ」と言ってくれるのではないでしょうか。

無意味だと思っているものを有意義なものにできれば、本当に必要な仕事になるのです。

LOVEとNEEDで仕事を仕分ける

NEEDな仕事を
LOVEに変える

◆LOVEな仕事をどんどん増やす裏技

さらに、「灰色の箱」の整理を進めていきましょう。

先ほどは、その仕事が本当に必要なのかどうかを、もう一度考えてもらいました。中には「やっぱり必要ない！」と確信したものもあるかもしれません。それは、何かしらの手段や方法を用いて、なくしていくしかありませんね。

次に、やはり必要だと再確認したもの。新しくNEEDな意味づけをしたもの。そういったものを、今度はＬＯＶＥにできないか、考えてみたいと思います。

どうせ同じ仕事ならば、楽しくしたいですよね。嫌々やる仕事ほど、辛いことはありません。そこで、第2章で述べた「灰色の箱」から「金の箱」に移動させる方法が、有効になってきます。**「楽しくない仕事」を楽しい仕事に変えていけばいいのです。**

「感情を利用するってやつね？」

そうです。**特に「嬉しい」「楽しい」「誇らしい」といったプラスの感情を利用してみましょう。**

ＬＯＶＥでなくても、必要だと感じる仕事に、〝嬉しい〟や〝楽しい〟という感情を持たせるのです。

たとえば、仕事が達成されたときやプロジェクトが成功したときをイメージしてみてください。

少なくともＮＥＥＤを感じる仕事であれば、達成できたときは嬉しいと感じるはずです。仕事がうまくいったときのことを考えれば、楽しいという気持ちが湧き起こるのではないでしょうか。

楽しく思える仕事なら、やる気も出てきますよね。必要だからという理由で嫌々やっていたような仕事にも、ＬＯＶＥを感じることができるはずです。

あなたは誰のために仕事をしているのか

さらに〝嬉しい〟と〝楽しい〟の感情を刺激し、仕事をよりLOVEにする方法があります。それは、**一緒に仕事をしている仲間と共に、喜びをわかち合う姿を想像することです。**

「みんなで達成感を味わおうってこと？」

そうなんです。より多くの人と仕事の成功を共有すれば、それだけ喜びも増しますよね。一緒に成功を喜び合う仲間の存在は、さらに仕事をLOVEにしてくれます。

どんな仕事も、一人だけでできるものはありません。

一緒に取り組むのは、同じ部署の人だけでなく、社内の他の部署の人かもしれませんし、取引先や外部スタッフかもしれません。

そういった人たちと、仕事の成功を味わうことを想像するわけです。自分のためだけでなく、仲間のためでもあると思えば、LOVEが生まれてくるのではないでしょうか。

自分の成果を求めるだけでなく、仲間と一緒に仕事をする喜びを求める。そうすれば、どんな仕事でもLOVEになってくるに違いありません。

仕事がLOVEになる究極の方法

実は、さらに仕事がLOVEになる方法があるのです！

「そんな方法が本当にあるなら教えて！」

仕事を大切なものだと思うためのポイントは、その仕事が誰のためのものかを考えること。そう、〝お客さまのために〟という視点を持つことです。

重要なことは、〝お客さまのため〟に仕事をすること。それが、最高に仕事をLO

VEにする方法です。

あなたは、いったい誰のために仕事をしていますか？

会社のため、上司のためというのでは、仕事は楽しくありません。自分のためという人もいるでしょうが、それでは仕事が長続きしないおそれがあります。自分のためであれば、ちょっと辛いことがあるだけですぐに諦めてしまうからです。

先ほど言った仲間のためというのは、強い動機となりますね。それよりも、さらに強い原動力となるのは、「お客さまのため」というものです。お客さまのために仕事をするということは、より多くの人を幸せにするということでもあります。

それは究極のLOVEですね。あなたの仕事で、多くのお客さまが幸せになることを想像してください。

誇らしいという感情が湧き上がり、ますます仕事がLOVEになっていくのではないでしょうか？

印刷会社で経理担当の女性に今の仕事を仕分けしてもらいました

LOVE

LOVE & NO NEED

LOVE & NEED

NEED

NO LOVE & NO NEED

- 経費の精算を各個人に催促すること

NEED & NO LOVE

- 出入金の管理
- 伝票整理
- 財務諸表や決算書の作成
- 税理士とのやり取り
- 原価計算
- 経費管理
- 請求書の発行、振込による支払い
- 社会保険・税金関係の諸手続き
- 備品の補充

印刷会社で経理の仕事をしているCさんは、特に仕事が楽しいと思ったことはないと言います。さっそく４つの箱に仕事内容を仕分けしてもらったのですが、「金の箱」と「銀の箱」に入る項目は、ひとつもありませんでした。

経理という職業柄、直接お客さまと接することも少なければ、企画を考えたりすることもありません。毎日、数字の入力やチェックをするだけで、自分の机から離れることもあまりありません。そこで、誰のために仕事をするのかを考えてもらいました。

Cさんは「管理部門ですから、もちろん社員のためです」と言うものの、「経費の精算など、もっときっちりしてほしい」といった愚痴もポロッと出てきました。

「経費の精算が遅れるのは悪いことかもしれませんが、なぜ遅れてしまうのか考えたことはありますか？」と聞くと、彼女は黙ってしまいました。

少ししてから、彼女は小さな声で語り出しました。「きっとお客さまの要求に応えたり、納期が迫っていたりして、忙しいのだと思います……。私には、その先にいるお客さまのことが見えていなかったようです。そう考えるとストレスも少しは減りそうですし、『灰色の箱』の項目を『金の箱』に移動できるかもしれません」

彼女が本当のLOVE & NEEDを見つけるには、もう少し時間がかかりそうですが、大事な気づきを得ることができたように思います。

LOVEとNEEDで仕事を仕分ける

これまでの仕事で一番楽しかったことを思い出す

そもそも仕事自体が、楽しくないという人もいるでしょう。

仕事内容を4つの箱に仕分けしてみたら、「黒の箱」には入らないとしても、「灰色の箱」にたくさんのものが入ってしまうという人が多いかもしれません。

「そりゃ、生きていくために、仕事は必要だもの」

それは間違いありませんね。仕事は、あくまで給料をもらうためのもの、と考えている人も多いはず。仕事が嫌いでも、生活のために仕方なく働いているというのが本音かもしれません。

でも、そんな人生はつまらないですよね。

あなたが何歳かはわかりませんが、きっとあと数十年は仕事をしなければいけないでしょう。まさに人生のほとんどの時間を、仕事に取られてしまっているわけです。

どうせなら、ＬＯＶＥな仕事がしたい！
そのこと自体に、反対する人はいないと思います。

「でも、ＬＯＶＥな仕事っていったい何？」

きっと、そのような悩みを抱えている人も多いはず。そこで、あなたのＬＯＶＥな仕事を一緒に見つけてみたいと思います。
まずは、１５２ページでやってもらった４つの箱の仕分け。その中に、仕事で「金の箱」に入ったものはありましたか？

「金の箱」にひとつでも項目が入っていれば、あなたはラッキーです。そのことを突き詰めればいいのです。今の仕事を続けながら、ＬＯＶＥな仕事に特化していけばいいでしょう。

「じゃ、何も入らなかった人は？」

問題はそこです。現在の仕事にＬＯＶＥ＆ＮＥＥＤが何ひとつ見出せない人。その人は、これから一緒にあるワークを行ってみましょう（もちろん、ラッキーな人も試してみてください）。

何を成し遂げたいかを考えることが大切

さっそくですが、あなたがこれまでにやった仕事を振り返ってみましょう。過去のことでもいいので、「金の箱」に入りそうなものを思い出してみてください（できれば、紙に書き出してください）。

具体的な仕事内容が思い浮かばない場合は、仕事で嬉しかったことでもかまいません。たとえば、「上司から褒められた」「お客さまから感謝された」などでもＯＫ。可能な限り、どういう仕事をして褒められたり感謝されたりしたかを、思い出してほしいのです。

過去の仕事であっても、一度でも「金の箱」の中に入ったものがあれば、それは貴重な経験です。おそらく、その仕事の延長線上に、あなたのＬＯＶＥな仕事が見つかるに違いありません。

それでも、何ひとつ思い浮かばない場合、もしくはまだ仕事をしたことがない場合は、**あなたは何を成し遂げたいのかを考えてみましょう。自分のスキルや経験に関係なく、あなたは仕事を通じて、どんなことを達成したいでしょうか？**

「具体的な職種を考えるんじゃなくて？」

具体的な職種を想像してもらうと、誰もが憧れるようなものばかりが挙がるので、できれば避けたいところ。でも、達成したいことをかなえる手段は、それこそいっぱいあります。

そのため、ひとつの職種にこだわらずに、どんな感情やどんな達成感を味わいたいかを考えるほうが役立つのです。

たとえば、「お金持ちになりたい」というのもひとつですね。「人から感謝されたい」「人から賞賛されたい」という人もいるでしょう。中には「異性にモテたい」「将来を安定させたい」「有名になりたい」という人もいるかもしれません。

あなたが達成したいことが見つかったら、次はそれを成し遂げるために、何をするべきかを考えます。

今回はここまでにして、続きは、最終章である第6章まで取っておくことにしましょう。

「4つの箱ToDoリスト」を作成する

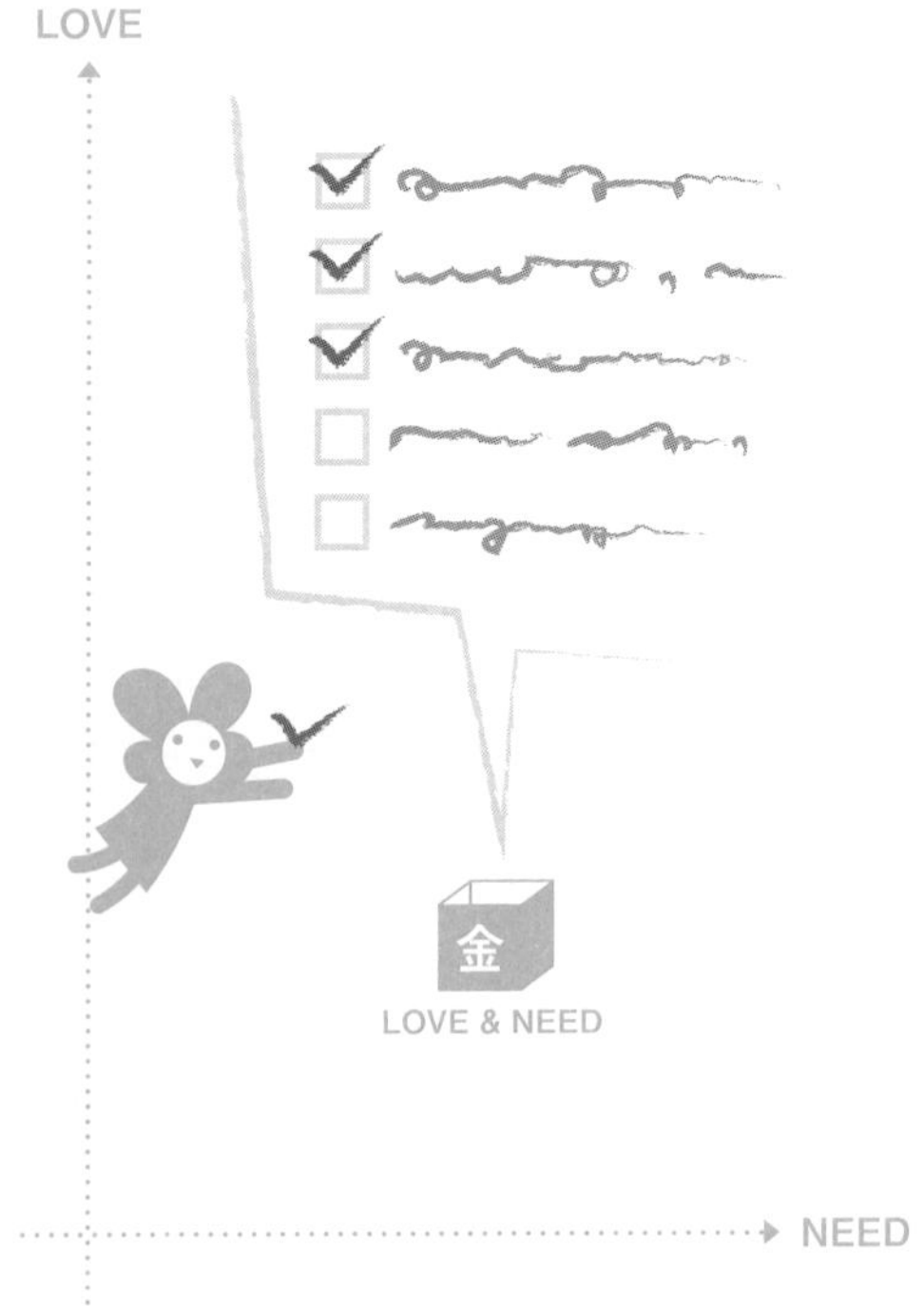

4つの箱を使えば仕事の優先順位が見えてくる

あなたの前には、やらなければいけない仕事が山ほど積まれているのではないでしょうか。仕事に追われていると、何から手をつければいいかわからなくなってしまいますね。

そういう場合、多くの人はTODOリストを作成します。

たとえば、朝会社に出勤したら、「今日やることリスト」を付箋（ふせん）などに書き出すわけです。

では、あなたはいったいどの仕事から片づけていきますか？

「それって、重要度か緊急度かってやつ？」

よく知っていますね。緊急度ではなく、重要度で仕事の優先順位を決めるという考え方です。

緊急度
高

[優先度] ②or③

緊急だが
重要ではない

[優先度] ①

緊急かつ重要

低

重要度
高

[優先度] ④

緊急でも
重要でもない

[優先度] ②or③

緊急ではないが
重要

低

こちらの図のように、物事を緊急度と重要度により４つに分けていきます。

緊急かつ重要な①と、緊急でも重要でもない④の優先度は明確です。多くの人は、緊急だが重要ではない左上のものから手をつけ、緊急ではないが重要な右下を放置しがちです。しかし、仕事や自分のキャリアのためには、右下の「緊急ではないが重要」なものを放置せずに対処していく必要がある、というのがこの考え方で、ビジネスの場ではよく使われています。


でも、それは誰にとって重要なことなのでしょうか。誰にとって緊急なのでしょうか。上司にとって重要な仕事を先にするのは、ちょっと癪(しゃく)ですよね。

そこで、自分が主体である４つの箱の登場です。今日やる仕事を４つの箱に仕分けして、**まずは「金の箱」に入るものから片づけていきましょう。「金の箱」の中での優先順位は、よりＬＯＶＥでＮＥＥＤな仕事からです。**

それが終われば、次は「灰色の箱」です（「銀の箱」は空だと思いますので）。もちろん、「黒の箱」の仕事は、やらなくても問題はありません。

LOVEとNEEDで仕事を仕分ける

何度も見返したくなる「4つの箱メモ」を作る

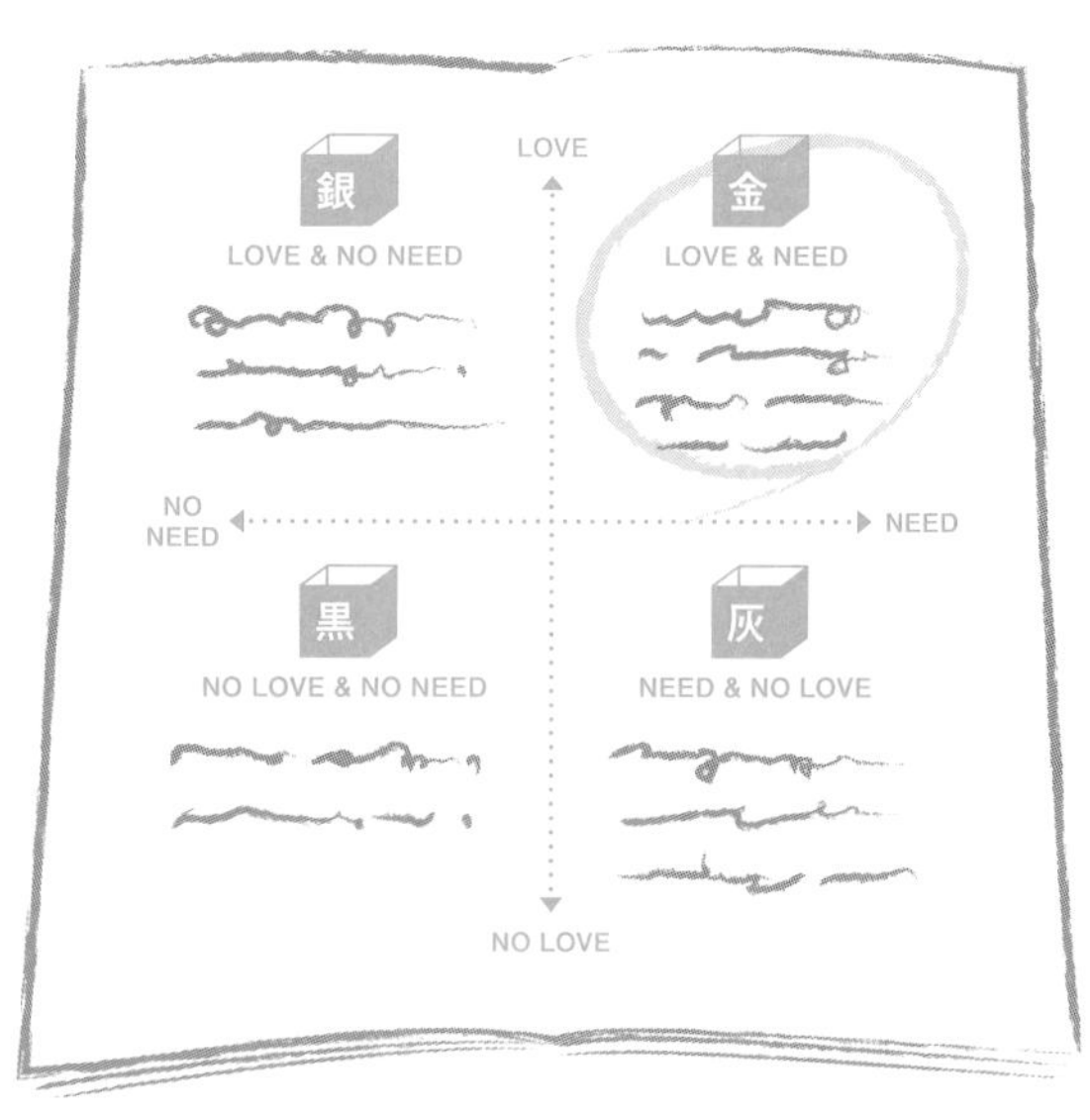

◆アイデアを4つの箱に仕分けしてみる

学校に通っていたころは、授業のノートを真剣に書いていたと思います。それもこれも、後で見直して復習をするためです。試験というものがあるからですね。

ところが、社会人になって、何かを復習する機会は少なくなったと思いませんか？メモを取れとはよく言われますが、後から見返すようなことは少ないかもしれません。特に、会議で一生懸命メモを取っても、ほとんど役に立たないのではないでしょうか。

「それでも、メモを取る意味ってあるんじゃない？」

その通りですね。問題は、どのようにメモを取るかということ。会議でメモを取る目的は、売上などの数字の記録、やるべきことの備忘録（スケジュールも含む）くらいです。

それよりも重要なのは、会議中に思いついた自分のアイデアをメモすることです。

しかし、ただ走り書きでメモをしておいても、後で見返したときに「これって、なんだったかな？」と思うこともしばしばです。

ならば、そのアイデアを４つの箱に仕分けしておけばいいのです。

LOVEかNEEDかなら、瞬時に判別できますし、見直すときにも「金の箱」に入ったものだけをチェックすればいいので、簡単です。

◇ ４つの箱を使って情報の海を泳ぎ切る

また、この４つの箱メモ術は、情報整理にも有効です。

世の中には、多くの情報が溢れています。あなたも新聞や雑誌、テレビだけでなく、ウェブニュースやFacebook、ツイッターなどから数多くの情報を受け取っているのではないでしょうか。

でも、それらの情報を自分の中で咀嚼（そしゃく）し、深く思考する人は少ないかもしれません。

右から左に流れるだけで、たとえ雑談のネタになることはあっても、仕事に活かせていない人が多いと思います。

単におもしろいだけの情報は笑いを提供してくれますが、それをさらに仕事で活かせるに越したことはありません。

そこで、４つの箱の出番です。あらゆる情報を４つの箱に仕分けしていけば、自分にとってＬＯＶＥ＆ＮＥＥＤな情報だけをキープしておくことができます。

「でも、すべての情報をいちいち４つの箱に仕分けするのって大変そう……」

確かに、スマホで得た情報をいちいち４つの箱に書いたりしていたら、とても面倒ですね。

ならば、常に頭の中で４つの箱をイメージしておき、その情報がどの箱に入るかを考えるようにすればいい。それは、常に４つの箱を頭の中でイメージする習慣を身につける訓練でもあります。

そして、「金の箱」に入るものだけをノートにメモするようにしましょう。それならば、さほど大変ではないですよね。

「それでも、ちょっと面倒かな……」

それなら、スマホやケータイにメモだけしておいて、後でまとめて手帳やノートに書き写せばいいでしょう。

とにかく、LOVE&NEEDだと思った情報は後で必ず役に立ちますので、簡単にスルーしないようにすることが重要です。

情報を整理することで、何よりも情報の海で溺れることがなくなります。

これからの時代は、ますます情報が過多になっていきますので、自分で取捨選択する能力が、より求められるのは明らかでしょう。

この4つの箱メモ術は、あらゆることに役立ちます。

たとえば、業務日誌なども、4つの箱で仕分けしたものにすれば、どの仕事に力を入れるべきか明確になりますよね。いろいろと、自分なりに試してみてください。

「4つの箱ブレスト」で会議の質を高める

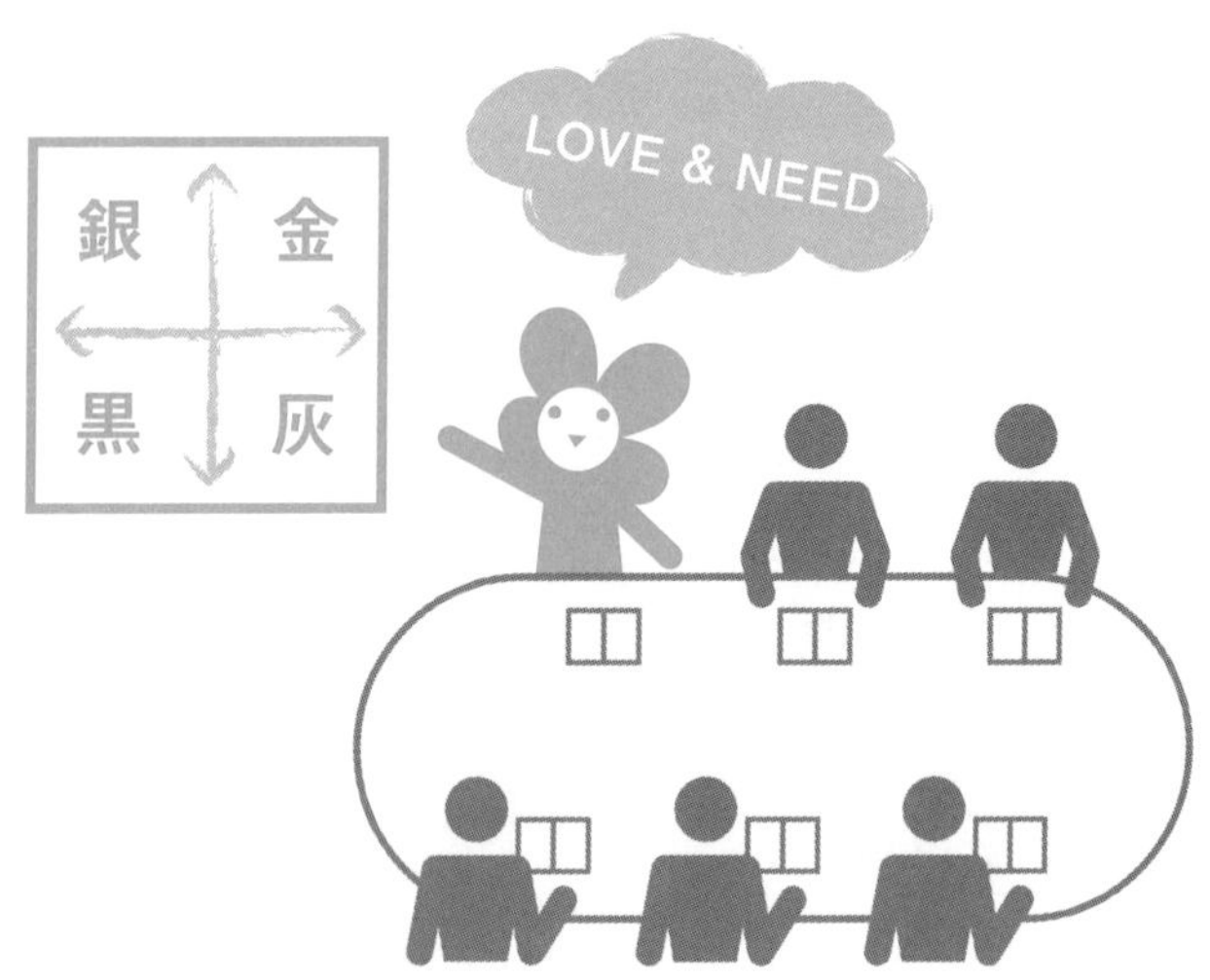

ブレストでも活躍する4つの箱

お互いの意見を自由に言い合って、新たなアイデアを生み出すのが「ブレスト（ブレインストーミング）」です。

ここでも、4つの箱は大活躍してくれます。

というのも、みんなの意見を4つの箱に仕分けすれば、どのアイデアが一番いいか、一目瞭然になるからです。

まず、黒板いっぱいに4つの箱を書きます。後は、出てきたアイデアを、LOVEかどうか、NEEDかどうかで4つの箱に仕分けしていくだけ。それだけで、重要な意見とそうではない意見を簡単に分けることができます。

「人によってLOVEかどうかは違うんじゃないの？」

いえいえ、それほど意見は違わないはずです。そもそもブレストの目的は、より多くの人がＬＯＶＥだと思う、もしくはＮＥＥＤだと思う商品やサービスを生み出すために、アイデアを出し合うことです。ならば、その場の全員がＬＯＶＥ＆ＮＥＥＤだと思うものを考える〝４つの箱ブレスト〟は有効に違いありません。

それに、事務的に４つの箱に入れるので、「あの人が嫌いだから、その意見には反対」といった無意味な対立構造もなくなりますし、上司による〝鶴の一声〟も却下しやすくなるでしょう。

「4つの箱マーケティング戦略」を立てる

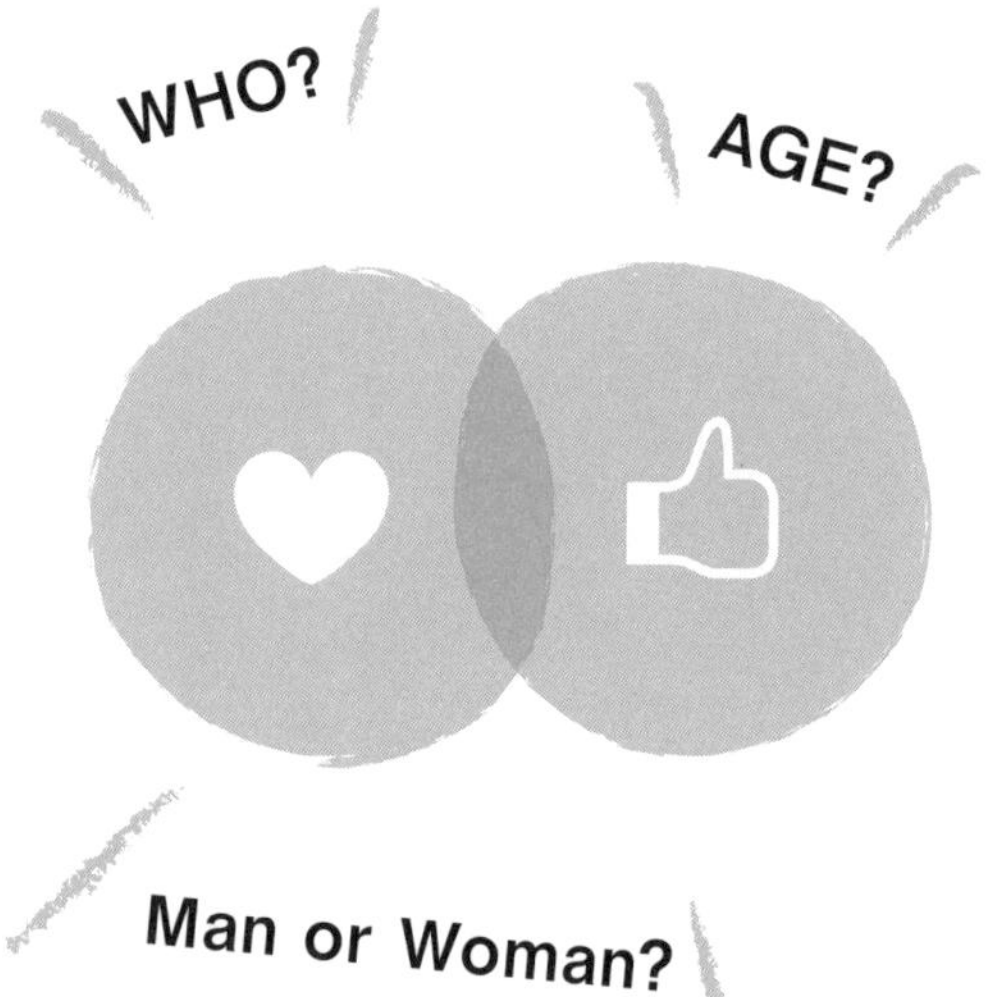

お客さまが本当に求めるものは何か

世の中で「マーケティング」という言葉は、かなり広い意味で使われています。商品のブランド化や差別化、顧客のセグメント（区分わけ）、価格戦略、広告やプロモーション、オンラインマーケティング、顧客心理を利用した戦略、そして市場調査など、多くのものがマーケティングと呼ばれます。

「なんだか、難しそうね？」

でもマーケティングとは、根本的にはお客さまが本当に求めている商品やサービスを生み出すこと、そしてお客さまが効率的にその情報を得て、商品やサービスを利用できるようにすることです。

商品やサービスを生み出す方法は次項で述べるとして、ここでは、既存の商品やサービスを、どのようなお客さまに、どのようにしてアプローチしていくかを4つの箱で考えていきたいと思います。

まずは、その商品やサービスの特徴を考えます。

さっそくですが、あなたが扱っている商品やサービスの特徴を４つの箱に仕分けしてみましょう。メリットもデメリットも思いつく限り書き出し、４つの箱に入れてください。

たとえば、価格はお客さまにとってＬＯＶＥなのか、この商品やサービスはＮＥＥＤなのか、それともＬＯＶＥなのか、どういった点がＬＯＶＥなのか、ＮＥＥＤなのかを考えていきます。

お客さまがどのような自分になりたいのか、どのような利便性を手にしたいのかを考えれば、自然とメリットも挙がってくるでしょう。

「あくまでもお客さま目線で考えるのね？」

そういうことです。特徴を仕分けできたら、次は、コアとなる客層を考えます。つまり、どういったお客さまを対象にするかですね。

あなたの会社の商品やサービスは、いったいどういった人が購入したいのでしょうか。少し考えてみてください。

◆はじめはできる限りターゲットを絞り込む

できるだけ多くの人に買ってほしいのはわかりますが、とりあえずコアとなる客層を設定してみます。

最初は大まかなセグメント（区分わけ）から始めます。先ほど考えた商品の特徴を参考にして、男性なのか女性なのか、20代なのか、30代～40代なのか、それとも50代以上なのかを考えます。

どの年代の、どういった属性の人たちをターゲットにしていくのかを、４つの箱に仕分けしていくわけです。

さらに、もっと細かく見ていきます。同じ30代女性であっても、独身と既婚、子どもがいるかいないかなど、環境によって興味や好みは異なります。当然ながら、都市部在住か郊外在住かでも違ってきますよね。また、趣味嗜好の違いもあります。たとえば、自然食や健康に興味がある人もいれば、ブランド品や美容に興味がある人もいます。

「そんなに細かく決めてしまっていいの？」

できるだけ細かくセグメントしていくことで、顧客のＬＯＶＥ＆ＮＥＥＤが明確になってきます。はじめはできる限りターゲットを絞り込み、後から広げていくほうが、売りになるポイントを把握しやすいのです。それは、一般的なものを専門化するのは難しいけれど、専門的なものを一般化するのは比較的簡単なのと同じです。

どういうお客さまに、どういった特徴をアピールするかを決めれば、後は簡単です。お客さまに対して、より具体的に、ＬＯＶＥ＆ＮＥＥＤである商品を売り込んでいけばいいのです。

その際に、アピールする方法として、メディアや広告などを活用し、ストーリー仕立てにしたり、不安をかき立てたり、逆に輝ける未来を想起させたりするわけですね。

他にもいろいろなマーケティング手法がありますが、４つの箱に仕分けすれば、どの方法でもブレずに、狙った顧客にアプローチすることができるでしょう。

また、市場調査の結果も４つの箱に仕分けすることで、お客さまがどんなことに興味を持っているのか、不満を抱えているのかが見えてくるでしょう。

LOVEとNEEDで仕事を仕分ける

「4つの箱発想法」でイノベーションを生む

ヒット商品を生み出すちょっとしたコツ

4つの箱を利用した発想法を使えば、世の中にイノベーション（革新・刷新）を起こせる可能性が高くなります。なぜなら、より多くの人がLOVE&NEEDだと認めるものを生み出す思考法だからです。

第1章でも述べましたが、イノベーションを起こした商品やサービスを、もう一度挙げていきましょう。

スマートフォンやお掃除ロボット、電気自動車、電動自転車、iPodなどの携帯音楽プレーヤーといった商品が挙げられます。

サービスで言えば、コンビニエンスストアという店舗形態のサービスもイノベーションでしょう。SuicaなどのICカード、楽天市場などのネット通販サイト、ツイッターなどのSNSもそうですね。

どれもこれもLOVE&NEEDなものではないでしょうか。

すべての人ではないにしても、より多くの人がLOVE&NEEDだと思う商品やサービスが、世の中で大ヒットを記録し、多くの人の生活に影響を与えているのです。

「じゃ、LOVE&NEEDなものを考えればいいってこと？」

その通りと言いたいところですが、これがなかなか難しい。

万人がＬＯＶＥ＆ＮＥＥＤだと思うことは、誰もが考えることですし、そう簡単に新しい商品やサービスを思いつくことは稀でしょう。

そこで、４つの箱発想法が登場するのです。

ここでは、ＬＯＶＥだけのもの、ＮＥＥＤだけのものに何かを付け加えることによって、さらに進化したＬＯＶＥ＆ＮＥＥＤなものを生み出すことを考えます。

まずはLOVEなものにNEEDを付け加えるコツ。その重要なポイントとなるのは、〝便利さ〟です。

たとえば、みんなが大好きな音楽。それを何万曲も持ち運べるようにした携帯音楽プレーヤーは、まさに便利さの象徴です。

パソコンを持ち運べるようにしたスマートフォン、切符を買わなくてもよくなったSuicaなどのICカード、エネルギー問題というNEEDに対応したプリウスなどのエコカー、家にいながら大好きな買い物ができるようになったオンラインストアもそうですね。

つまり、あなたがLOVEと思う「銀の箱」に入る商品やサービスに、〝便利さ〟を付け加えて、「金の箱」に移すアイデアを考えればいいわけです。

「それは逆に、不便なものに注目するってことでもあるよね？」

いいところに気づきましたね。普段から「不便だなぁ」と思っていることに意識を向けることも、アイデアのヒントになります。

◆NEEDにLOVEを付け加えるのは難しい

次に、NEEDなものにLOVEを付け加えた例を見ていくわけですが、こちらのほうが少し難しいかもしれません。というのも、LOVEだと感じるものは、人それぞれだからです。

先ほどと同じように〝便利さ〟を付け加えることで、LOVEになるものもあります。

たとえば、もともとNEEDなものだった掃除機は、勝手に掃除をしてくれるというお掃除ロボットの登場でLOVEになりました。昔はNEEDだけだった電話も、持ち運べるようになり、さまざまな機能やコンテンツが利用できる携帯電話、スマートフォンの登場でLOVEに変わった商品と言えます。しかし、それだけでは足りません。

そこに、もっと多様な付加価値が求められます。より多くの人がLOVEになるには、デザインや心地よさ、愛らしいキャラクター、自由な時間の創出、ストーリー、日本人としてのアイデンティティーなどを付け加える必要があるのです。

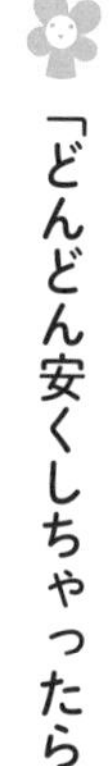

「どんどん安くしちゃったらいいんじゃない？」

それもひとつの方法ですよね。

ただ、価格を下げるためには製造にかかるコストとの兼ね合いや作業の効率化など、クリアしなければいけない問題もあります。価格を下げた分、利益が減ってしまっては、売り手側の会社にとってはＬＯＶＥではなくなってしまうので、お客さまと売り手の双方がＬＯＶＥになるような商品やサービス作りが理想と言えるでしょう。

言うのは簡単ですが、実際に思いつくのは難しいので、どうしたら付加価値をつけられるか考えるようにしましょう。

やる気が続く「4つの箱勉強法」を実践する

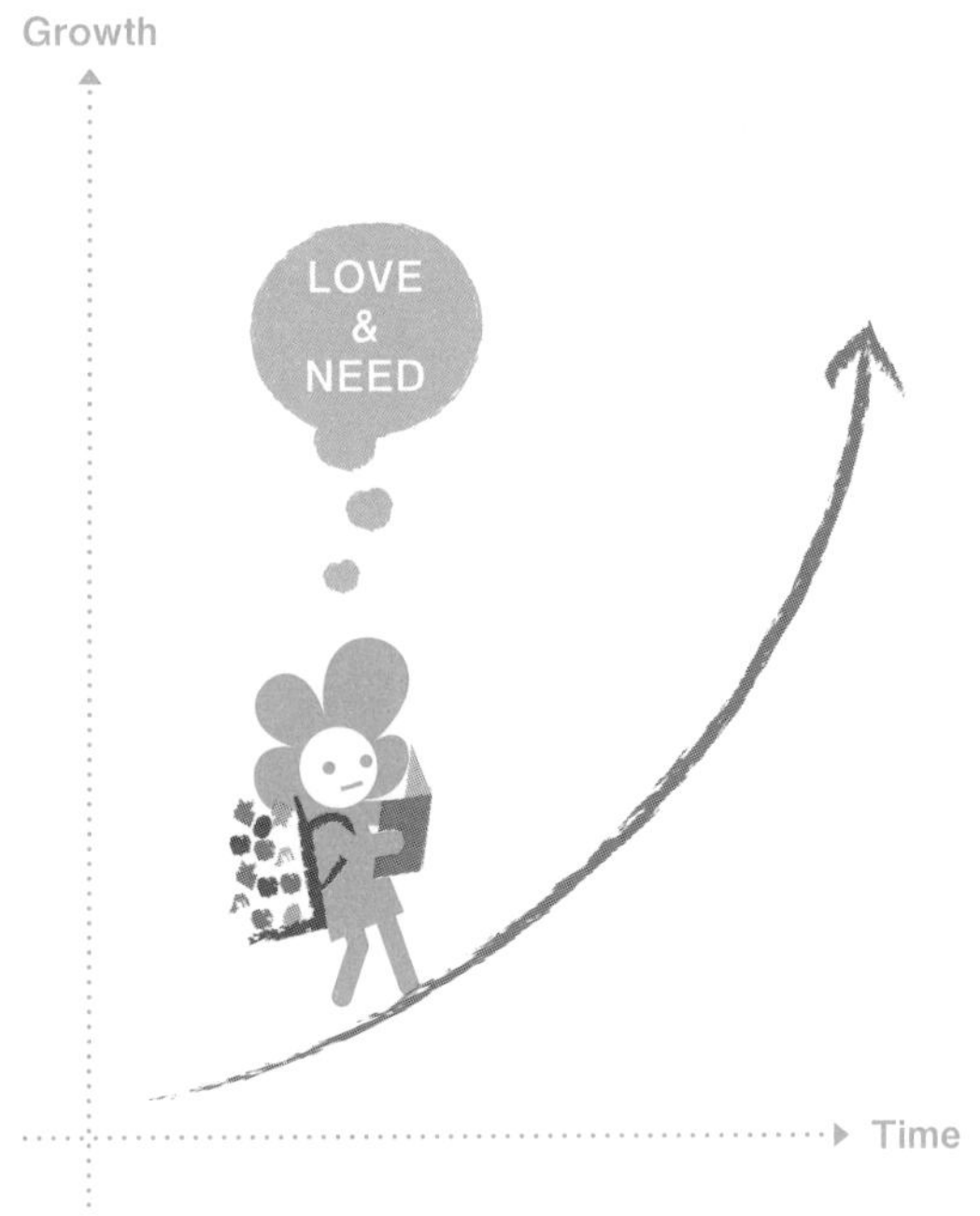

◆学ぶことこそ人生と思えるようになる

社会人として成長するためには、必ず勉強しなければいけません。

では、いったい何を学べばいいのでしょうか。

「やっぱり、仕事に役立ちそうなこと？」

その答えでは50点。なぜなら、それではＮＥＥＤだけになってしまうからです。必要だから勉強するというのでは、受験のときと同じです。それでは勉強が嫌いになりますし、長続きしないのです。

多くの人が途中で挫折してしまうのは、「灰色の箱」に入ることを勉強してしまうから。

「この資格を取っておいたほうがいい」「この知識を身につけておいたほうがいい」といった理由だけで勉強すると、かなりの決意と覚悟がなければ、最後までやり続けることができません。

試験は、基本的に合格するまでという期限が決まっています。ところが、社会人になってからの勉強に期限はありません。人は死ぬまで学び続けなければいけないのです。

そうでなければ、人として成長することもできませんし、自分が目指す達成感を味わうこともできません。そして、豊かな人生を歩むことも、心から幸せになることもできないのです。

どうせなら、楽しく学ぶほうがいいですよね。学ぶことが幸せ、学ぶことこそ人生と思えるくらいになったほうがいいわけです。

勉強しているうちにおもしろくなってくる場合もありますが、最初から楽しいに越したことはないでしょう。

簡単に言ってしまえば、あなたがＬＯＶＥ＆ＮＥＥＤと思うことを勉強すればいいのです。

「何がLOVE&NEEDかわからない場合は？」

本章の最初に、あなたの仕事を4つの箱に仕分けしてもらいました。ほとんどが「灰色の箱」に入ってしまったかもしれませんが、ひとつでも「金の箱」に入っていれば、それを集中して勉強してみましょう。

どういう自分になりたいかを考えてみる

もし「金の箱」に何も入らなかった場合は、どういう自分になりたいか考えるのもひとつの手段です。

出世したいのであれば、マネジメントの本を読んでみる。資産形成をしたいのであれば、投資やお金の本を読んでみる。人の気持ちを汲み取れるようになりたいのであれば、心理学やコミュニケーションの本を読んでみる。健康になりたければ、健康に関する本を読むのもいいでしょう。

もちろん、本を読むだけが勉強や学びではありません。いろいろな人と出会って、さまざまな体験から教えてもらうこともあるでしょう。とにかく、なりたい自分を目指して、その一点を突き詰めていくのです。

「なりたい自分すらわからなかったら、どうすればいいの？」

その場合は、まず自分がＬＯＶＥなものから手を出せばいいと思います。小説が好きならば、小説を読むのでもいいでしょう。そこから、多くのことを学べるはずです。たとえば、司馬遼太郎が好きな経営者は多いと聞きます。それは、幕末など激動の時代を舞台にした作品が多く、その中で描かれている大局を動かした魅力的な人物の生き様を通して、経営者として学ぶことが多いからに違いありません。つまり、小説から、人としての生き様を学んでいるのです。

何かを勉強したいという意識があれば、どんな相手からでも学びを得ることができます。失敗した人からでも、学ぶことはたくさんあります。反面教師として、多くの

ことを勉強できるからです。

それは、あなたの人としての器を大きくしてくれます。勉強とは、知識を吸収することだけではありません。人間としての魅力を高めることも、学びの目的なのです。

勉強をする際に、ポイントを４つの箱にメモしておくこともおすすめです。それだけで、効率もぐっと良くなりますよ。

第5章

LOVEとNEEDで暮らしを仕分ける

01

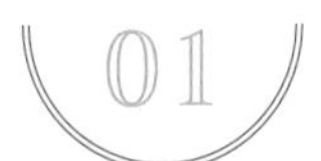

朝起きてから夜寝るまでの行動を4つの箱に仕分けする

一日の行動を4つの箱に仕分けしてみよう。

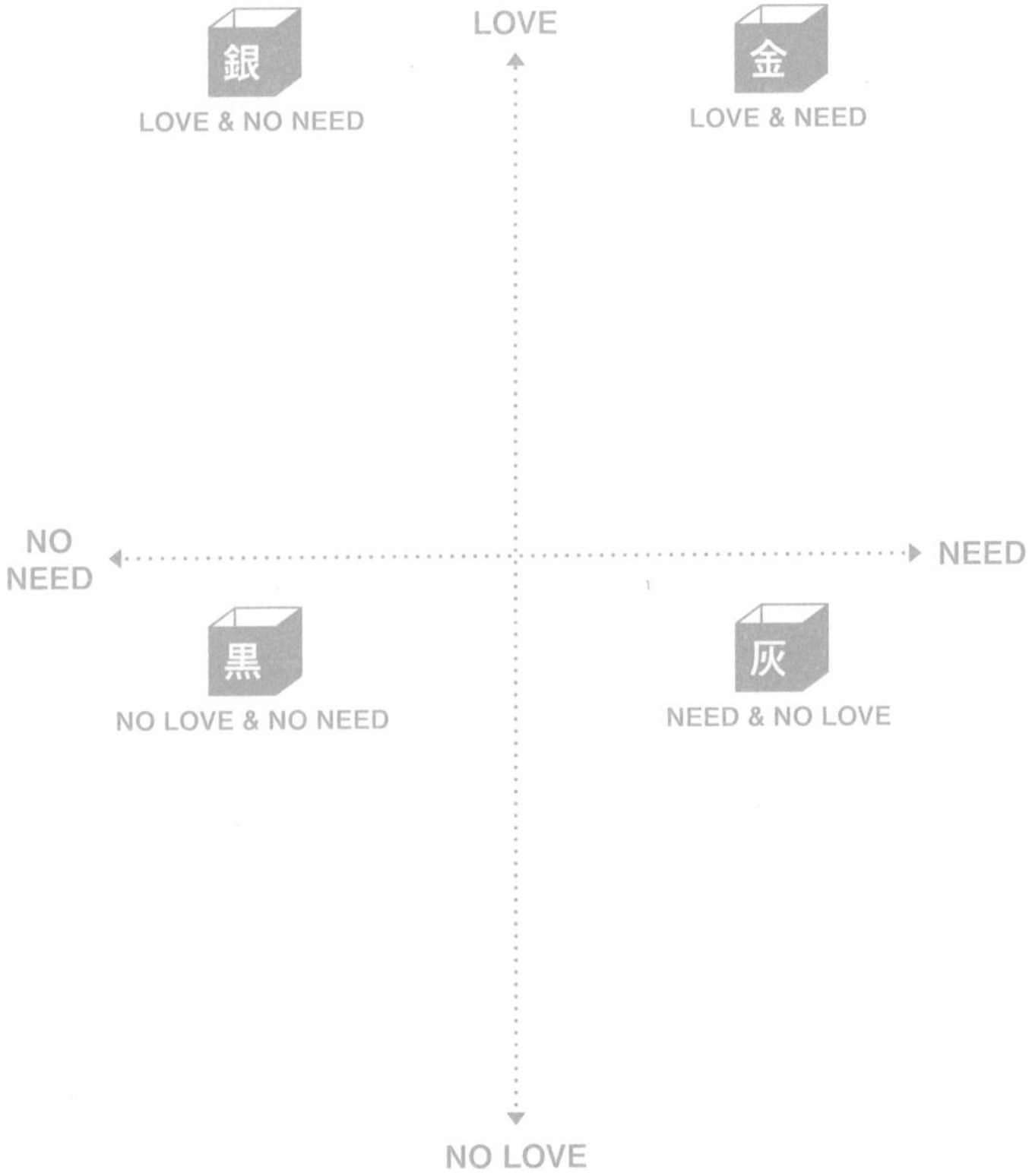

あなたの毎日はＬＯＶＥ＆ＮＥＥＤに満ちている？

日常生活を４つの箱に仕分けすることで、見過ごしていた幸せ、そして無駄なものが見えてきます。

本章では、あなたの日常生活をＬＯＶＥで彩る方法を考えていきましょう。

さっそくですが、あなたの日々の生活を４つの箱に仕分けしてみてください。たとえば、今日一日（昨日でも可）の行動を思い出して、右ページの４つの箱に仕分けしてみます。

「何気ないことでもいいの？」

そうですね。習慣になっているような行動に焦点を当てるほうがいいでしょう。**実際に４つの箱に入れてみると、あなたの何気ない日常に、ＬＯＶＥが多いのかそれともＮＥＥＤが多いのかが見えてきます。**

たとえば、1日の中で携帯電話やスマートフォンを眺めたりいじったりする時間は、かなり多いと思います。とくにツイッターやLINE、インスタグラムなどSNSと関わる機会は増えているのではないでしょうか。

気軽に人と繋がれたり、情報を共有できるなど楽しくて便利な面もある一方で、SNSでのやり取りに疲れてしまったり、見ると嫌な気持ちになってしまうこともあるでしょう。そんな「SNS疲れ」を感じていたら、思い切って止めてみるのもよいと思います。

あなたにとってSNSが、LOVEやNEEDでなくなっている、つまり「黒の箱」に入ってしまうのなら、そこに時間を使うのはもったいない。負担にならないように適度な距離を取ったり、程よく付き合っていくのも大切なことだと思います。

また、職場や知り合い同士の飲み会も「あまり行きたくないけれど、付き合いだからしょうがなく」参加したりすることがありますよね。楽しい会なら、いくらでも参加すればよいと思いますが、「黒の箱」に入ってしまうような会であれば、時間とお金が無駄になってしまいます。**4つの箱に仕分けしてみると、自分の気持ちがはっきりしてくるので、「気乗りしない飲み会は参加しない」と決めてしまうのもよいでしょう。**

もちろん、日々の生活の中で「金の箱」に入るものが多いのが一番ですが、LOVEなもの（「銀の箱」）に囲まれた生活も悪くありません。逆に、「灰色の箱」であるNEEDなものばかりに囲まれた生活は、味気ないかもしれませんね。

また、「黒の箱」に入ったものの中には、LOVEではないけれど、嫌いというほどでもないものも多いかもしれません。

これから、LOVEではないものをLOVEにする方法、LOVEだけのものにNEEDを加える方法を考えていきましょう。

ケーススタディ4

会社員の男性の休日の行動を4つの箱に仕分けしてもらいました

LOVE

LOVE & NO NEED

- 家に帰ってから スポーツニュースを見た
- ネットでマンガ本を 注文した

LOVE & NEED

- 親しい友だちと飲みに 行った

NEED

黒

NO LOVE & NO NEED

- 友人から愚痴を 聞かされた
- 口元が寂しいので タバコを吸った

NEED & NO LOVE

- 朝ごはんを食べた
- トイレに行った
- 朝シャワーを浴びた
- 銀行でお金を下ろした
- コンビニで弁当を買って きて昼ごはんにした
- ソーシャルネットワークを チェックした
- 雨が降ってきたので ビニール傘を買った

Dさん（20代後半・男性・独身）に、休日の一日の行動を4つの箱に仕分けしてもらいました。

その結果が右ページの図です。一見するだけでも、LOVEではない「灰色の箱」と「黒の箱」の項目が多いことに気づきます。

Dさんは、別に自分が不幸だとは思っていないようですが、特に充実感もない様子でした。仕事にも慣れてきたからでしょう。それが普段の生活にも影響しているのではないかと、本人も言っていました。

「自分でも仕事をただこなしているだけだと思っていましたが、こうやって4つの箱に仕分けしてみると、日常生活も無難にこなしてる感が強いっすね……」

日常生活ですから、すべてがLOVEになることは難しいかもしれません。でも、Dさんの4つの箱を見る限り、いくつかはLOVEにできる項目があるような気がします。

そこで、Dさんと一緒に「この中でLOVEにできるものがないか」を考えてみました。詳しい内容はここでは述べませんが、第5章の項目は、このDさんの体験をベースに説明しているところもあります。

4つの箱で日常生活を仕分けした結果、Dさんは幸せになりうる行動を多く見つけることができたようです。

Dさんは笑いながら、すがすがしく答えてくれました。

「このまま惰性で30代になるんじゃないかって不安だったんですよ。ちょっとは毎日が楽しくなりそうっす」

4つの箱を使って食生活をもっと豊かにする

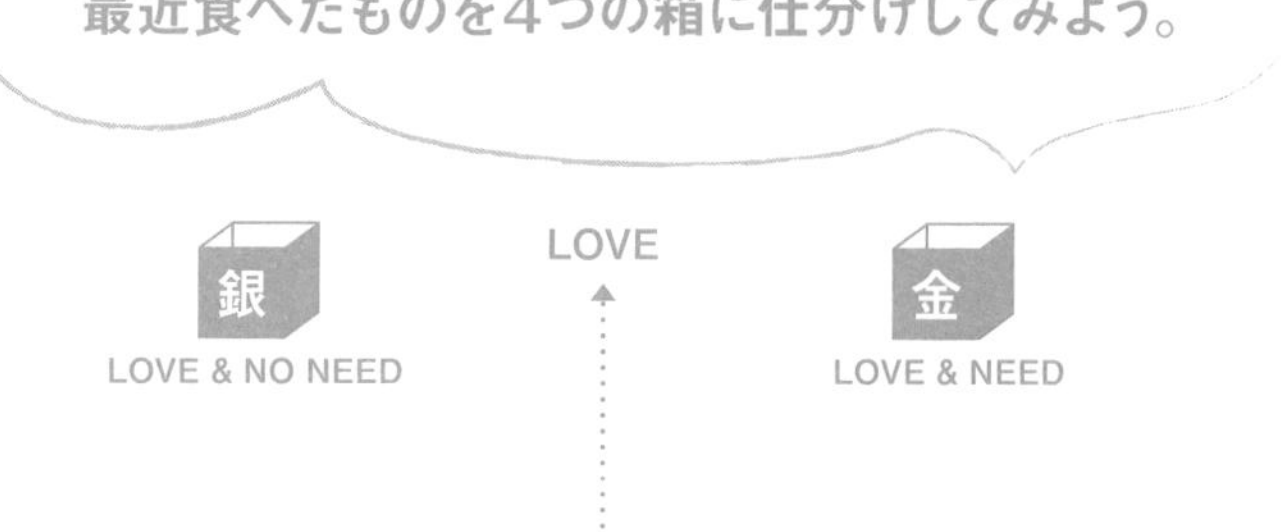

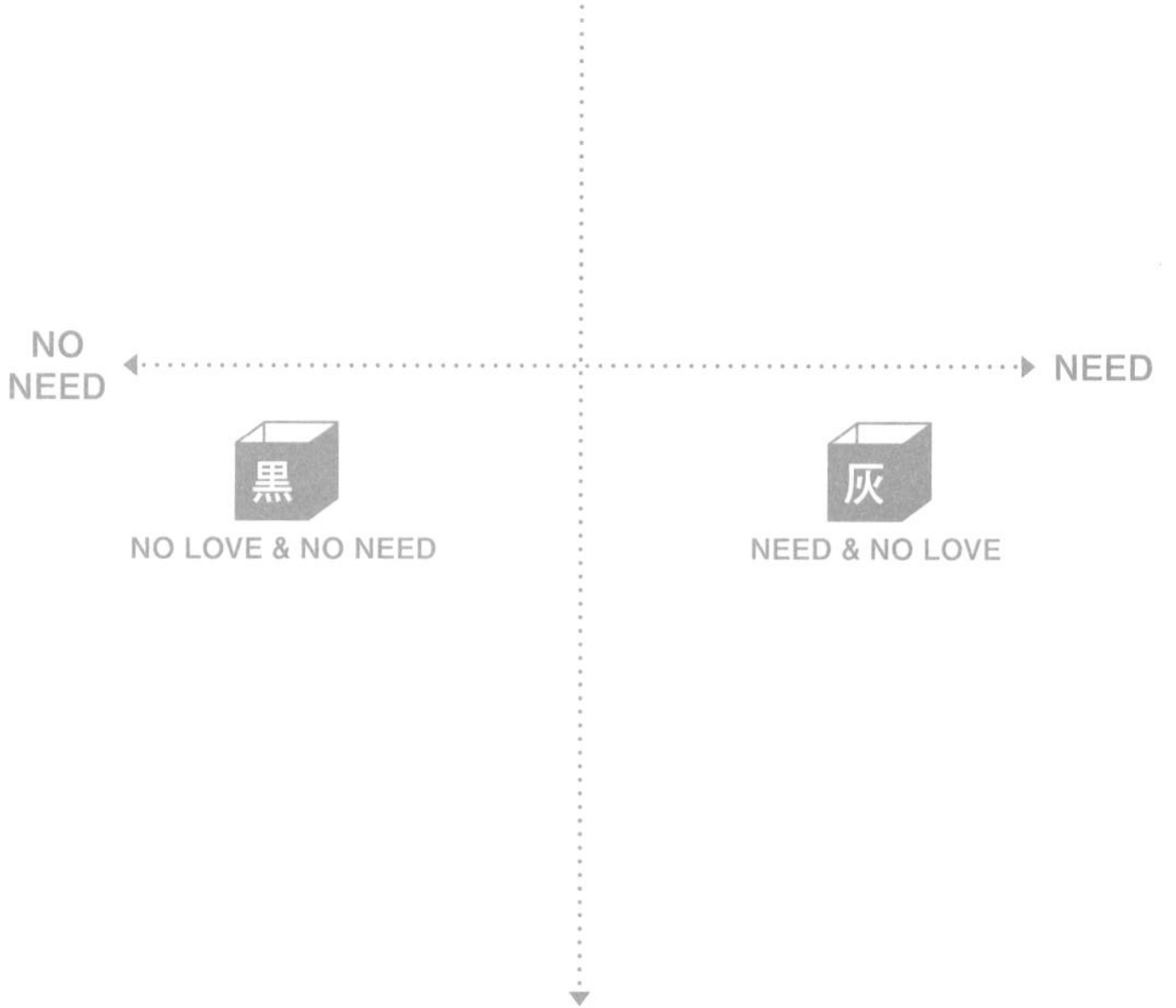

◆食事についてもっと真剣に考えてみる

毎日の生活で、絶対に欠かせないもののひとつに「食事」があります。多くの人は、朝、昼、晩の三度、当たり前のように食事を摂っているでしょう。

でも、ひょっとしたら、昨日食べたものすら思い出せない人もいるかもしれないですね。毎日のことなのに、何も考えずに自分の身体の中に放り込んでいるだけの食事になっていないでしょうか。

それでは、あまりにもったいないと思いませんか？　食事はあなたの身体をつくる基本です。どうせなら、毎日の食事がＬＯＶＥになったほうがいいと、誰もが思っているはず。

ちょっと想像してみてください。好きなものだけを食べて暮らせたら、毎日はどんなに幸せでしょうか？

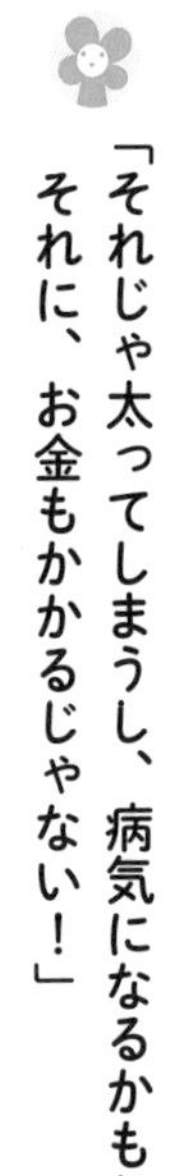

「それじゃ太ってしまうし、病気になるかもしれない。それに、お金もかかるじゃない！」

いいえ、何も美食家になれと言っているわけではありません。確かに太ってしまったり、病気になってしまったり、借金に追われてしまったら元も子もありません。だからこそ、人は身体に良さそうなものを食べたり、カロリーを気にしたり、頭の中でそろばんを弾いたりしているわけですね。

では、ここで改めて、あなたが最近食べたものを4つの箱に入れてみましょう。コーヒーやお菓子といったものも含め、口の中に入れたものを具体的に216ページの図に書いてください。

◆なるべくLOVE＆NEEDな食べものを選ぶ

さあ、どの箱が一番多くなったでしょうか。

意外に「灰色の箱」に入ったものが、多かったかもしれません。

義務的に昼食を食べている人もいるでしょう。コンビニエンスストアでお弁当やおにぎりを買って食べる人、手っ取り早いからとファストフードですませてしまう人もいるに違いありません。でも、毎日それではちょっと寂しいですよね。

「NEEDだけどLOVEではない食べものは、どうすればいいの？」

たとえば、野菜は必要だけど、あまり好きではないというような場合ですね。これについては、さほど難しくはありません。受け身ではなく、自分で選ぶという意識を持てば、自ずとNEEDな食べものをLOVEにできるはずです。


別のものでNEEDを代替できないかと考えるのも、ひとつの手です。ビタミンを摂りたいという理由でサプリメントを飲んでいる場合、同じようにビタミンを摂取できる好きな食べもの（たとえば果物など）を選べば、自然とLOVEになりますね。

どうしても代替案が思い浮かばなければ、逆に不健康になった自分（もしくは太ってしまった自分）を想像してみるのもいいでしょう。

病気になったら、どれだけ辛いでしょうか。たとえば、食事制限をしなければならなくなった自分を想像してみてください。健康な身体は、失ってはじめて尊いと思う代物。いつまでも元気でいられるのなら、ＮＥＥＤだけのように思えた食べものも、ＬＯＶＥに変わるに違いありません。

「身体は食べものでできてるって言うしね」

そう。何を食べるかは、とても重要。**だからこそ、毎日の食事と真剣に向き合い、LOVE&NEEDなものを選ぶようにしてほしいのです。**

ところで、お菓子やジュース、コーヒーといった嗜好品は、「銀の箱」に入ったかもしれないですね。でも、ただＬＯＶＥなだけのように思える食べものにも、ＮＥＥＤという解釈を付け加えれば、それは「金の箱」に入ります。

たとえば、人生に甘いものがないとつまらないと考えてもいいですし、ストレス解消という解釈でもいい。

ただ、なんでもそうですが〝ほどほどに〟が重要。どんなにLOVE&NEEDな食べものであっても、そればかり摂っていては身体に悪いので、逆効果になってしまいます。やはり、バランスが大事ということですね。

残念ながら、「黒の箱」に入ってしまったもの。LOVEでもなければNEEDでもない食べものは、今すぐにでもやめるべきです。

服が、LOVEなのか NEEDなのかを考える

◆人は案外、「金の箱」に入る服を着ていない

ファッションに興味のある人ならわかってもらえると思いますが、洋服はあなたの生活を豊かなものにしてくれます。

ところで、あなたは自分にとってＬＯＶＥな洋服を着ているでしょうか？

「そりゃ、嫌いなものを着る人なんていないわよ！」

でも、たとえば仕事での服装は、好きでも嫌いでもないものを着ている場合が多いのではないでしょうか？　周りの目を気にして、シンプルで目立たない無難な洋服ばかり選んでいませんか？

その気持ちもわかりますし、どうしても仕事では、ＮＥＥＤな洋服を選んでしまうのも理解できます。それでも本音を言えば、ＬＯＶＥな洋服を着たほうが絶対に楽しいですよね。

とはいえ、自分にとってどんな洋服がＬＯＶＥ＆ＮＥＥＤなのか、わからない人もいるのではないかと思います。

まずは、あなたが持っている洋服を、４つの箱に仕分けしてみましょう。全部が面倒だという人は、よく着ているものだけでもかまいません。

さて、どんな結果が出たでしょうか？

普段から着るものに無頓着（むとんちゃく）な人は、ＬＯＶＥでもなければＮＥＥＤでもない「黒の箱」に、多くの洋服が入ってしまったのではありませんか？

何もおしゃれになれとか、もっとファッションに興味を持てと言っているのではありません。別にブランドものの高い洋服を買う必要はありませんし、ファッション雑誌を読み漁らなくてもいい。流行を追い求める必要もありません。

そう。ずばり、あなたが単純にＬＯＶＥと思う洋服を選べばいいのです。それは、着心地だったり、肌触りだったり、好きな色だったり、耐久性だったり、素材だったり……。

仕事によっては、スーツ着用が求められる場合もあると思いますが、その際も好きな色のシャツやネクタイと合わせる、着心地のよい素材のものを選ぶなど、ＬＯＶＥを取り入れることはできますよね。

自分の好きな洋服を着た上でＮＥＥＤを意識すれば、自然と「金の箱」に入る洋服ばかりになってくるはずです。

◇「黒の箱」の服を捨てて「金の箱」の服を着る生活を！

実は自分が思っているほど、周りの人はあなたに注目していません。考えてみてください。あなたは昨日会った人の服装を詳細に覚えているでしょうか。もっと言えば、一カ月前に会った人の服装を覚えているでしょうか。

「そんなこと、いちいち覚えていないわよ！」

　そうなのです。ＴＰＯをそこそこ意識し、ＬＯＶＥな洋服を着ていれば、服装でマイナスになることはまずないのです。

　もちろんプライベートな服装は、思いっきりＬＯＶＥなものでいいでしょう。それ以外の場合は、ＬＯＶＥの中にちょっとだけＮＥＥＤを加えることがポイントです。

　では、あなたが今持っている洋服を、すべてＬＯＶＥなものに変えてしまいましょう。その方法は簡単です。後で述べる部屋の整理にも共通することですが、あなたのクローゼットをＬＯＶＥなものでいっぱいにすればいいのです。

　もし収納ボックスがあるようならば、ＬＯＶＥかＮＥＥＤかを考えながら、洋服を仕分けしてもいいでしょう。

「整理すると、いらないものがはっきりするわね」

まさに、それが目的なのです。いざ仕分けをしてみると、意外にＬＯＶＥでもＮＥＥＤでもない洋服が多いのではないでしょうか。特に「黒の箱」に入った洋服は、この際、思い切って捨ててしまいましょう。

空いたスペースには、ＬＯＶＥ＆ＮＥＥＤな洋服を入れる。「黒の箱」を空にし、「金の箱」に入れ替えるわけです。

ＬＯＶＥ＆ＮＥＥＤな洋服を着れば、あなたの人生はとても豊かになります。服装を変えるだけで、まったく新しい自分になったような気がするのですから、とても不思議ですよね。

LOVEとNEEDで暮らしを仕分ける

「4つの箱整理術」で家の中、部屋の中を心地よくする

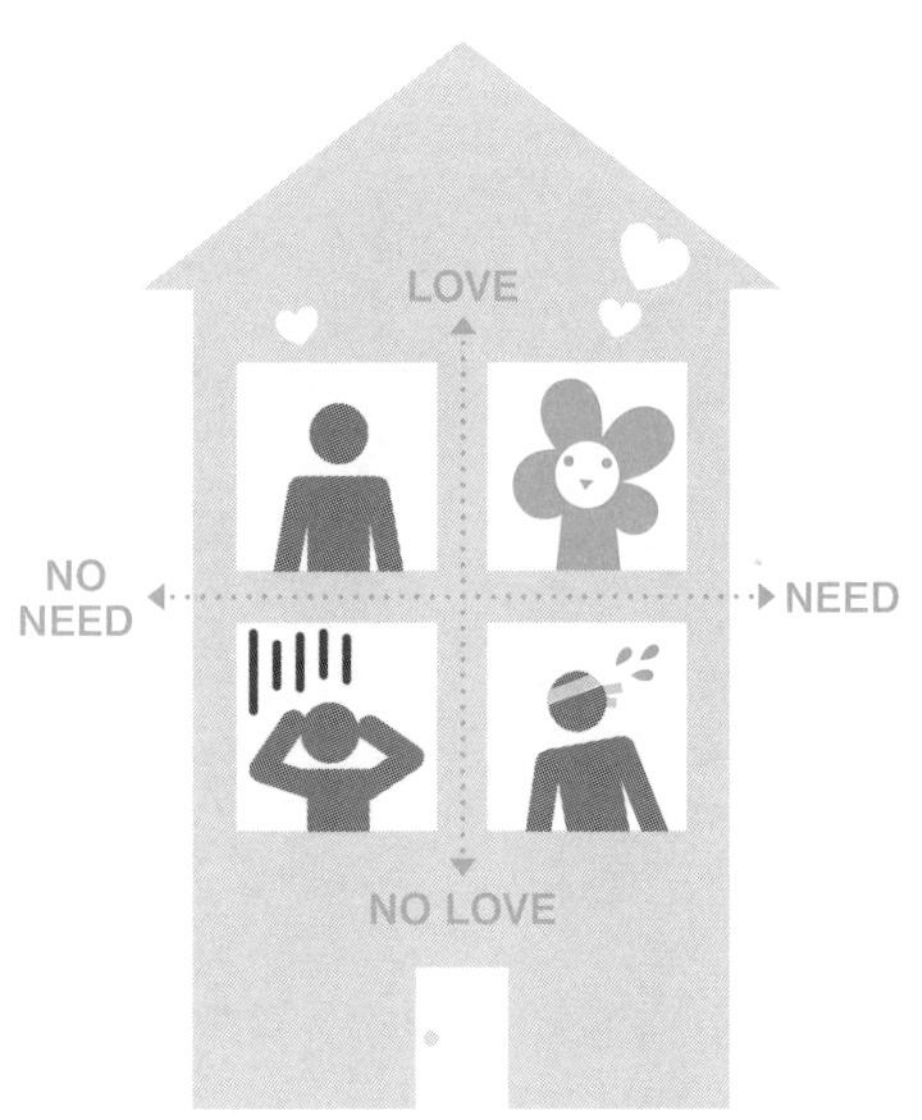

4つの箱整理術で部屋をよみがえらせる

ここでは、家の中や部屋の中を心地よくするための「整理術」を考えてみたいと思います。

家の中が散らかっている人、片づけが苦手だという人――。それは、何が必要で何が好きなのか、はっきりと分けられないことが原因ではないでしょうか。

片づけが苦手だと自覚している人は、自宅のリビングを見てください。そこには、本当にNEEDなものだけがあるでしょうか。本当にLOVEなものだけが置かれているでしょうか。

「確かに、不必要なものもありそうね」

その通り。**そこで、あなたの部屋にあるものを4つの箱に仕分けていくのが〝4つ**

の箱整理術〟です。

ひとつの部屋にあるもの全部に注目するのが難しいのであれば、冷蔵庫、納戸、テレビボードの引き出しというように、小さな場所にあるものに限定してスタートしてもかまいません。先ほどの洋服と同じように、食器や調理道具、本や雑誌、子どものおもちゃなど、種類ごとに仕分けしてもいいでしょう。どの方法でもいいので、LOVEとNEEDの軸で、4つの箱に仕分けしてみてください。

仕分けした結果、「金の箱」に入るものは何も問題ありません。きっと身近なところに、大切に置かれているでしょう。

ところが、「銀の箱」に入っているものの中には、引き出しの奥で忘れ去られているものもあると思います。LOVEなのに、NEEDではないため、あまり日の当たる場所に姿を見せない。でも、それでは宝の持ち腐れですよね。

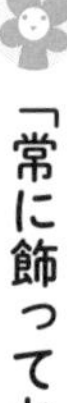

「常に飾っておけばいいの？」

そこまでは言いませんが、棚の上にスペースなどがあれば、たまには飾ったり、置いてみてもいいのではないでしょうか。

ＬＯＶＥなものというのは、それを見ているだけで幸せな気持ちになったり、明日から頑張ろうと思ったり、心を落ち着かせたりする効果があります。部屋の中のすべてのものがＬＯＶＥだと理想ですね。

あなたにとって、ＬＯＶＥなものだけに囲まれた部屋を想像してみてください。とても楽しい気分になりませんか？

あなたの家での時間が幸せに満たされれば、それは他のことにも影響を及ぼします。仕事でもプライベートでも、ゆとりを持つことができるでしょう。

◆あなたの部屋をLOVEで埋め尽くそう

今すぐ自分の思い通りにできるのは、自分の部屋ではないでしょうか。であれば、まずは自分の部屋からLOVEを増やしていきましょう。

「でも、LOVEじゃなくてもNEEDなものもあるよね？」

もちろん、中にはNEEDだけどLOVEではないものもあります。テレビのリモコンやティッシュ、ゴミ箱など、手元にあれば便利でも、LOVEに感じる人は少ないでしょう。

そういう場合は、収納方法にこだわってみるのもひとつの方法です。自分好みの小さい収納ボックスに、リモコンやペンなどの細々としたものを入れるようにする。かわいいティッシュケースやかっこいいゴミ箱などを買ってくる。

とにかく、目に見えるところは、自分にとってLOVEなものばかりにするわけで

す。

また、あなたがＮＥＥＤだと思い込んでいるだけで、本当はＮＥＥＤではないようなものもあるはず。たとえば、古くなった雑誌、いつか使うかもしれないと取っておいたデリバリーのチラシ、最近聴いていないＣＤ、使っていない化粧品など、意外に放ったらかしにしているものもあるでしょう。

そういうものは、あなたにとって本当にＮＥＥＤなのか（もしくはＬＯＶＥなのか）、よく考えてみてください。そして、「黒の箱」に入らないか再考してほしいのです。

もし「黒の箱」に入るようなら、思い切って捨てて、部屋の中をスッキリと整理するようにしましょう。

ケーススタディ⑤

片づけが苦手な主婦にリビングのものを仕分けしてもらいました

LOVE

LOVE & NO NEED

- アルバム（写真）
- 子どもが描いた絵
- ステレオ
- 観葉植物

LOVE & NEED

- テレビ
- ビデオ
- ソファ
- 新婚旅行で買った置き時計

NEED

黒

NO LOVE & NO NEED

- 古新聞・古雑誌
- ビニール袋の山
- 使っていないクッション
- もらい物の置き物
- 商品の箱など
- 古いCD100枚ほど
- 古いゲーム機とソフト
- 紙袋

NEED & NO LOVE

- ティッシュの箱（10個ほど）
- 子どものおもちゃや絵本
- おむつとおしりふき
- 机
- 綿棒
- 薬箱
- エアコンのリモコン
- 掃除機
- スリッパ
- ゴミ箱
- 爪切り
- 体温計

片づけが苦手というＥさん（30代前半・女性・既婚）に、とりあえず、リビングにあるものを４つの箱に仕分けしてもらいました。最初は「黒の箱」に入るものはひとつもありませんでした。だからこそ、何がいらないのかわからなくなっていたのでしょう。そこで、「灰色の箱」から「黒の箱」に移動できるものを探してもらうようにしました。その結果が、左図の「黒の箱」の中味です。

また、「灰色の箱」の中に残ったものでも、掃除機やティッシュの箱（ストック分）など、リビングに置かなくてもいいものもありました。Ｅさんは「押入れの中もいっぱいで、仕方なく外に出しているんです」と正直に言ってくれました。でも実は、押入れの中にも、捨ててもかまわない「黒の箱」に入るものがたくさんあったのです。

Ｅさんは後から、「押入れの中をスッキリさせたら、随分とスペースができました。どうしても必要なものは、そちらに移動させました」と報告してくれました。

そして、必要なものだけど散らかっている原因になっていた子どものものを整理するために、収納箱を置くことにしたそうです。

「とりあえず、絵を描いたり、かわいいテープを貼った段ボールに入れるようにしました」

４つの箱に仕分けすることで、Ｅさんは不要かどうか曖昧だったものの正体がわかり、リビングをものだらけにしない方法を見つけられたようです。

あなたが家の中で何をしているかを見直す

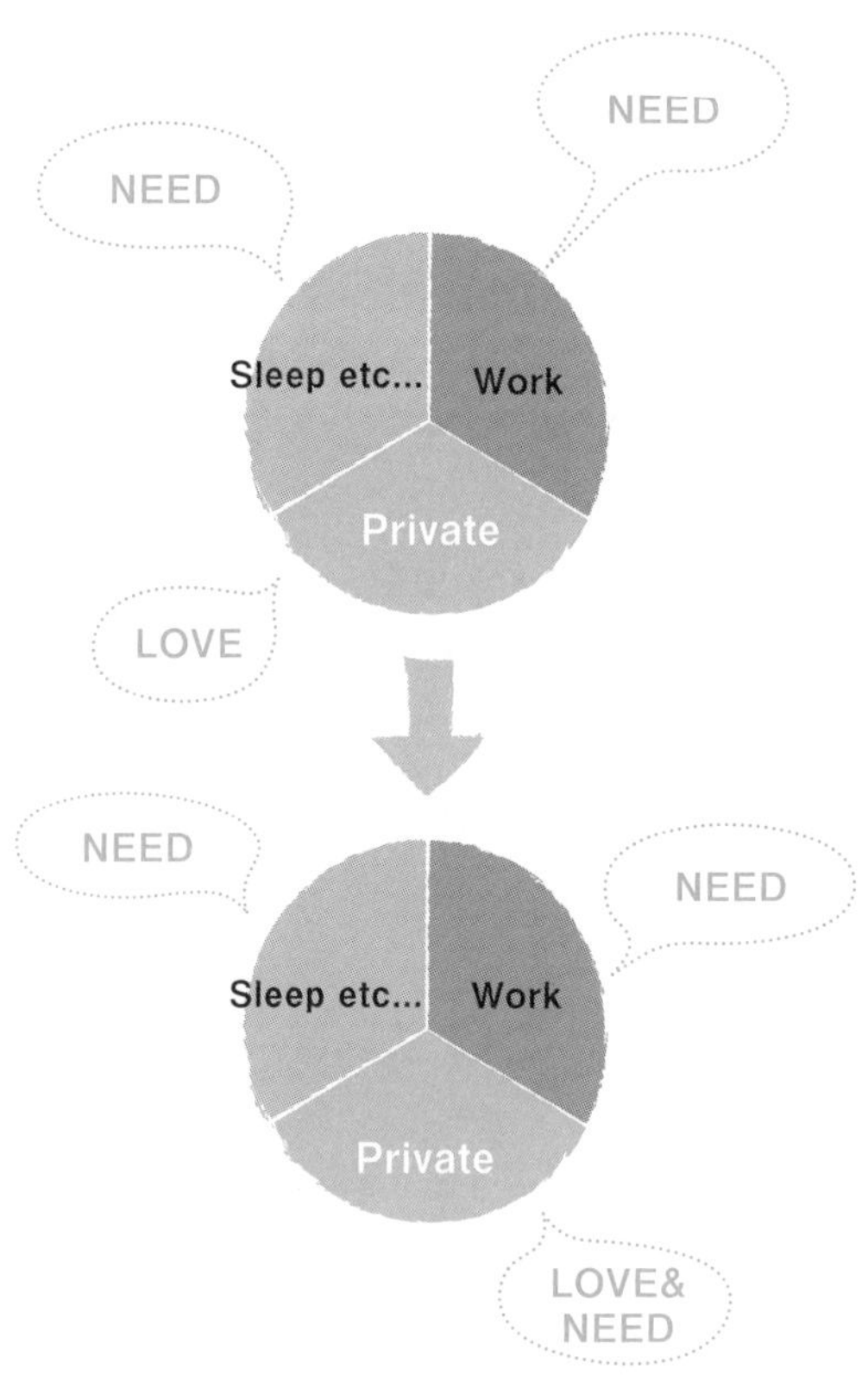

あなたは自由に使える時間を無駄にしている

会社から帰ってきてから寝るまでの間、もしくは休日などで家にいる間、あなたは何をしているでしょうか。

テレビをボーッと観ているという人もいるかもしれません。なんとなくスマートフォンをいじったり、ゲームに熱中していたりする人もいるでしょう。

そんな自由に使える時間にやっていることを4つの箱に仕分けしたら、どの箱に入るでしょうか？

「そう言われると、無駄な時間が多いような気がするわね……」

仕事で疲れて帰ったのですから、ゆっくり過ごしたいのもわかります。休日に思いっきり、羽を伸ばしたい気持ちも理解できます。

でも、ちょっと待ってください。会社から帰る時間にもよりますが、たとえば家での自由時間が平日に2時間あると仮定します。土日などの休日は8時間ほどあるとすれば、一週間で自由時間は、26時間もあるわけです。もちろん、恋人とデートをしたり、友だちと遊びに行ったりもするでしょう。

そこで、計算しやすいように、自分だけの完全な自由時間が、あなたに週20時間あると仮定します。

そうすると、一年は52週ですから、一年で１０４０時間。実に約43日分もの自由時間があるわけです。

仮に10年間、その時間を無駄にしたとしたら……。考えてみると、ちょっと恐ろしいですね。

それだけの長い時間があれば、真剣に何かに取り組めば、どんなことでも一人前になれるのではないでしょうか。

◇毎日の積み重ねが、10年後のあなたをつくる

「でも、いったい何をしたらいいの？」

言うまでもなく、あなたにとってLOVE&NEEDなことです。自分が目指すべき道が明確であれば、それに向かって突き進めばいいでしょう。

そこで、10年後の理想の自分を思い描けば、必然的にあなたのやるべきことが見えてきます。

最も理想だと言えるのは、自分の将来の夢のために勉強をすることですが、どんなことでもいいのでLOVEなことを極めてみるのもいいでしょう。

好きな本を読んだり、料理やお菓子を作ったり、トレーニングをしたりするなど、なんでもかまいません。今はLOVEなだけにすぎなくても、その道を極め、そこにNEEDを加えることはさほど難しくありません。

趣味を極めることで、仕事につなげられる可能性もあります。

この場合、どちらかと言えばマニアックな趣味のほうが、それを生業にする道が開かれやすいかもしれません。

世の中には文房具好きが高じて、文房具アドバイザーになった人もいます。ゴム鉄砲が好きで、各地でイベントを行ったり、書籍を出版した人もいます。もちろん簡単なことではありませんが、趣味を極めることで、その道の第一人者として活躍している人もたくさんいるのです。

「それって、要はマニアックなものだけじゃないの?」

いえいえ、それだけではありません。一般的な趣味であっても、頻繁に情報発信をしていれば、必ず人の目に留まるようになります。さらに、他の人がどういう情報を欲しいかというNEEDを考えれば、あなたの趣味はLOVE&NEEDになるはずです。

たとえば、ゲーム評論家でもいいし、ビジネス書評論家、出張の達人、料理研究家、絵本の専門家、子育てアドバイザーなど、ありとあらゆるものが考えられます。極端に言ってしまえば、勝手に専門家を名乗ってしまえばいいわけです。

自由な時間を有効に活用する方法は、通勤のときにも利用できます。仮に通勤時間が1時間とすると、往復で2時間、一週間で10時間になります。一年間では520時間、10年間で5200時間もあります。

どうでしょう。家での自由時間と合わせれば、なんでもできそうな気がしてきませんか?

毎日の積み重ねが、10年後の自分をつくるのです。

LOVEとNEEDで暮らしを仕分ける

家事は
ただのNEEDではないと考える

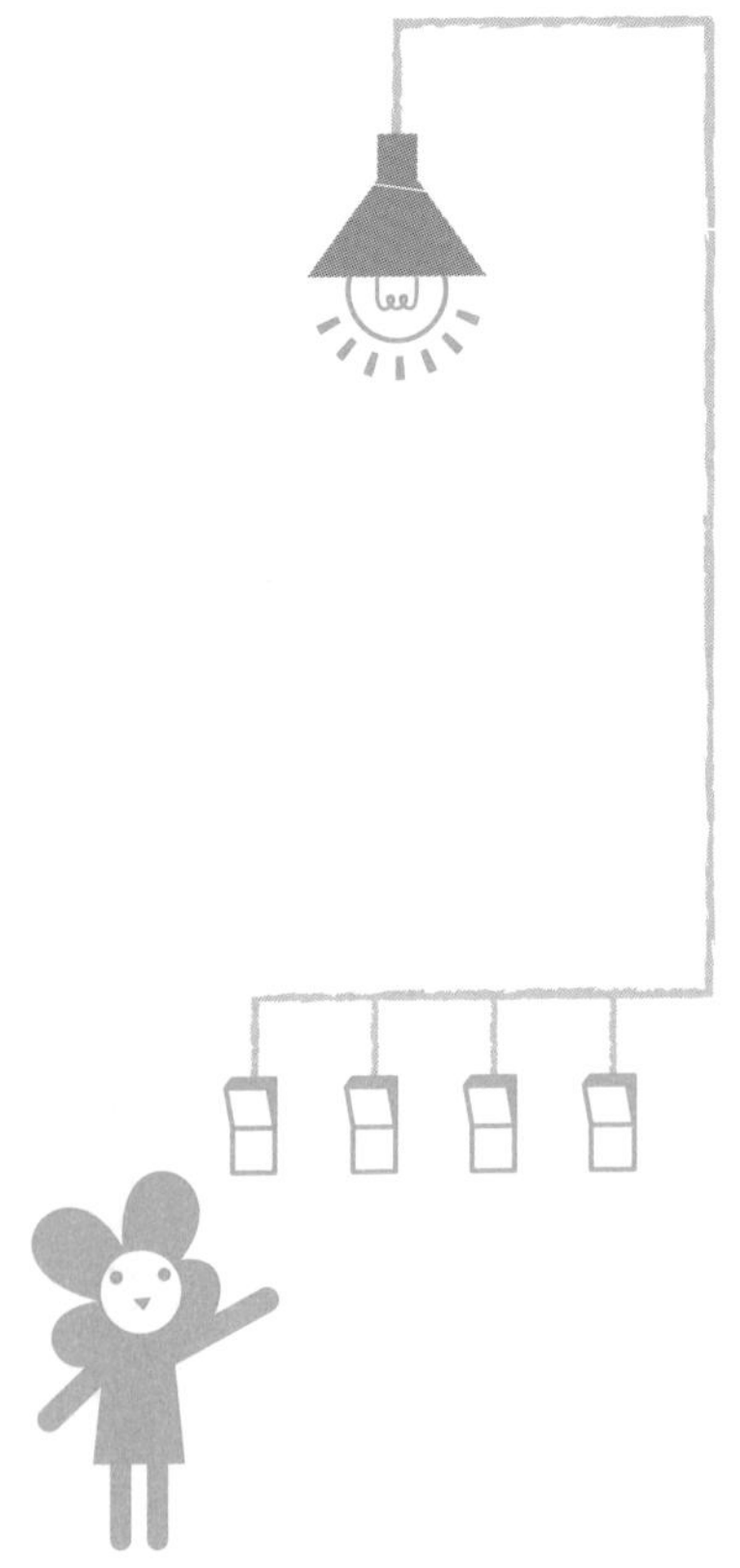

家事をLOVE&NEEDにする4つの方法

家事ほど報われない仕事はないと思いませんか？

どんなに頑張っても、誰も褒めてくれませんし、一番理解してほしいパートナーや家族からも、感謝の言葉ひとつすらもらえない。しかも、給料がもらえるわけでもないので、なかなかやる気が出ない……。

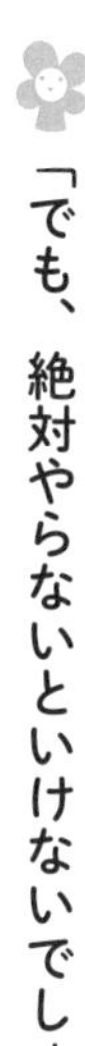

「でも、絶対やらないといけないでしょ？」

そうなんです。家事ってLOVEではないけれど、絶対にNEEDなことなのです。

「灰色の箱」の究極の住民といってもいいでしょう。

でも、それでは、あまりにも辛いですよね。そこで、家事をLOVE&NEEDに変える方法を考えてみたいと思います。

1．家事の中から、LOVEなものを探す

ひとことで家事と言っても、いろいろあります。大きく分けると、料理、洗濯、掃除の3つですが、料理の中にもメニューの決定、食材の買い出し、野菜を切る、煮る、炒める、そして後片づけなど、さまざまな要素があります。

洗濯ならば、ほとんど洗濯機がやってくれるので、干すことと畳むことくらいでしょうか。

掃除は、掃除機がけや拭き掃除など……。また、トイレや浴室、キッチンなどの場所でも分けることができます。

このように細分化していけば、何かひとつくらいはLOVEな家事が見つかりそうではありませんか？　たとえば、献立を考えるのは好き、部屋がみるみるきれいになるから、掃除だけは好きなど……。すべての家事をLOVEにすることはできなくても、「家事のこの部分は好き」と言えれば、少しは「金の箱」に近づくことができるはずです。

2．手を抜けるところを探す

結局のところ、家事が嫌になるのは、絶対にしなければいけないと思い込んでいるからです。別に掃除は週一回でもいいし、料理は出来合いの惣菜を買ってきてもいい。無理に嫌いなことをせずに、たまには手を抜くことも必要です。

お金はかかりますが、掃除が嫌であれば、お掃除ロボットを導入してもいいでしょう。食洗機も有効に違いありません。

なんにでも完璧を求めたら、結局辛くなるのは自分自身です。少しくらいは楽をして、ストレスを溜め込まないようにしましょう。逆に、どうすれば手を抜いて、上手に家事をこなせるのか考えるのも、おもしろいかもしれません。

どちらにしても、家事は絶対的なNEEDではなく、ゆるやかなNEEDでいいのです。

3．好奇心を刺激する

これは、主に料理に応用できる方法です。

たとえば、新しい料理に挑戦してみる。時間的なゆとりなどの外的要因も絡んできますが、よりおいしいものや、自分の好きなものを作って食べるのは楽しいことですよね。素材の組み合わせを新たに考えたり、今までやらなかった調理方法にトライしてみれば、好奇心が刺激されるのではないでしょうか。

そして、おいしい食事ができたら、あなたにとってもパートナーにとっても、最高のＬＯＶＥになるはずです。

4．自分にご褒美をあげる

最後の手段は、自分で自分にご褒美をあげること。単純に欲しいものを買うだけでなく、うまくこなせたらポイントを獲得するなど、家事自体をゲーム化するのもいいでしょう。もし子どもがいれば、一緒にやればきっと楽しいはず。

辛いことや苦しいことを乗り越えるために、自分の前にご褒美というニンジンをぶら下げることも、家事を楽しむひとつのポイントなのです。

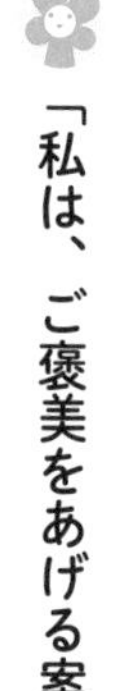

「私は、ご褒美をあげる案に賛成ね」

どのような方法であっても、家事はやらなくてはならないものなのですから、愛してしまったほうが得ですよね。

「嫌いな家事」に楽しさを見つけて、「好きな家事」に変えることができれば、楽しくこなすことができるようになるはずです。

また、家族からの感謝を期待するよりも、自分自身で楽しみを見つける方が、モチベーションにもつながりますよね。

そもそも家事は他人のためでなく、自分のためにするもののはずです。そこにひとつでも多くのＬＯＶＥ＆ＮＥＥＤが見い出せたら、あなたの生活はとても豊かになるでしょう。

やめたいのに、やめられないものたちからさよならする

ダイエットに関する４つの箱の例

LOVE

銀
LOVE & NO NEED

金
LOVE & NEED

- 誰もが憧れるようなスタイルの自分

NO NEED ← → NEED

黒
NO LOVE & NO NEED

- 甘いもの
- 間食
- 夜食
- 飲み会
- お酒
- ラーメン
- 焼肉
- 炭水化物
- バイキング

灰
NEED & NO LOVE

- 適度な睡眠
- 適度な栄養
- 水分
- 適度な運動

NO LOVE

ダイエットと禁煙を成功させるための裏技

「黒の箱」に入るとわかっていても、なかなかやめられないものがありますよね。そういったものの代表選手として、ダイエットと禁煙について考えてみましょう。

痩せたいと思っているのに、ついつい脂っこいものや甘いものを食べてしまう。運動しようと誓ったのに、三日坊主で終わってしまう……。誰でも一度や二度、このような経験はあるのではないでしょうか。

「なかなか意志が続かないんだよね」

それはよくわかります。人間はどうしても楽なほうに流されてしまいますし、おいしいものを食べたいというのはいわば本能ですから、自制することは難しいでしょう。でも、あなたが本当にダイエットをしたいと思っているのであれば、やはりダイエットに悪影響を与える「黒の箱」に入るものを排除しなければいけません。

そこで、さっそくダイエットに関係する項目を4つの箱に仕分けしてみましょう。甘いもの、夜遅くの食事、水分、ウォーキングなどの項目を、仕分けしてみるわけです。

そして「金の箱」には、どういう自分になりたいかを、大きく書いてみましょう（スタイルのいい自分、素敵な服を着こなす自分、異性だけでなく同性からも憧れられる自分など）。

２４６ページの図を参考にして、トライしてみてください。

「なんだか我慢することばかりね……」

そうなんです。あまりにも我慢することが多すぎると、人間はどうしても誘惑に負けてしまうのです。ならば少しくらい、「黒の箱」から「銀の箱」に移動させてみてもいいのではないでしょうか。

たとえば、ラーメンやバイキングはやめるけれど、甘いものはある程度許すなど、我慢するものを少なくするわけです。二日に一回は甘いものを食べる。夜遅くのごはんは控えるけれど、お酒は飲んでもいいことにするなど、方法はたくさんあります。

そして、運動も気軽にできること――できればあなたにとって、LOVEなことをするようにします。走るのが苦手ならば、歩くのでもいい。きつい筋トレをするのはハードルが高ければ、テレビを見ながらできるような簡単なストレッチでもいいでしょう。

何も修行をしているわけではないのですから、とにかく意志が続くように工夫し、少し甘めの設定で長期的に努力するようにしましょう。

◇常に4つの箱を書いた紙を持ち歩こう

この考え方は、ダイエットだけでなく、禁煙でも有効です。タバコに対する項目を同じように4つの箱に仕分けしていきます。

まず、タバコを吸うことのデメリット（身体に悪い、お金がかかるなど）を「黒の箱」に書き、タバコをやめたメリット（健康になる、喫煙所を探さなくてもいいなど）を「金の箱」に書いていきます。あわせて、禁煙のデメリットだと思っていること（イライラしてしまう、仕事がはかどらないなど）も書き込みましょう。

「この場合もハードルを下げていいの？」

そうですね。本当はきっぱりとやめてほしいのですが、そう簡単にはいかないでしょう。

たとえば、最初の一週間は一日に10本、次の一週間は8本、さらに次の一週間は6本というように、タバコの本数を除々に減らしていき、最終的にゼロにする方法もあります。

いずれにしても、禁煙に成功した場合の「金の箱」の中にいる自分、喫煙を続けた場合の「黒の箱」の中にいる自分を比較し、「金の箱」の自分になりたいという欲求を強く持ち続けるようにしてください。

また、ダイエットをするにしても、禁煙をするにしても、自分で書いた4つの箱の紙を常に持ち歩くようにしましょう。

どうしても誘惑に負けそうになったり、禁を破りそうになったら、その紙を見て、「金の箱」と「黒の箱」を見比べてみてください。

4つの箱は、あなたに初心を思い出させ、誘惑をはね返すパワーも持っているのです。

LOVEとNEEDで暮らしを仕分ける

4つの箱でお金を貯める

「4つの箱貯蓄法」でお金をしっかり貯める

日常生活で忘れてはいけないのが、お金のこと。幸せかどうかにお金は関係ないという人もいますが、生活をしていく上でお金が大事であることは間違いありません。何も大金持ちになれと、言っているのではありません。お金に困ることなく、ある程度好きなものを食べられて、贅沢ではない程度に欲しいものを買える。老後の不安がなければ言うことなしですが、それは今の時代、少し高望みかもしれませんね。でも、普通に仕事をしていれば、そこそこお金を貯めることはできるはずです。

「それが、なかなか貯まらないのよね……」

そんなあなたに、ぜひやってもらいたいのが、4つの箱貯蓄法です。これを実践すれば、間違いなくお金を増やすことができるでしょう。

最も大事なことは、「無駄」な出費を控えることです。同じ1万円であっても、L

OVE&NEEDなものに使う1万円と、LOVEでもNEEDでもないものに使う1万円とでは、まったく意味が違います。

だからこそ、まずはしっかりと、支出を仕分けする必要があります。つまり、4つの箱貯蓄法とは、家計簿を4つの箱に仕分けすることから始まるのです。

◆レシートを4つの箱で仕分けしてみよう

とりあえず一カ月でいいので、あなたの支出をすべて4つの箱に分類してみましょう。まずは4つの箱をつくり、必ずレシートをもらうようにして、そこに放り込んでいけば簡単です。レシートがないものや家賃や光熱費、通信費などもすべて、小さな紙に書いて仕分けしましょう。

少し面倒に思うかもしれませんが、とにかく一カ月だけでいいので試してみてください。理想としては、自分の消費の傾向が明確になる三カ月間ほど続けることですが、一カ月でもだいたいのことはわかります。

もし「黒の箱」に入るものがあれば、次月以降は、そんな無駄なことにお金を使わないようにすればいい。ただ、「灰色の箱」に入った項目の中にも、本当は必要でないことが含まれているかもしれません。

たとえば、スマホ代も一見NEEDなものですが、もっと安い料金プランがあるかもしれないですよね。

必要だと思って購入した食材でも、結局すべて使い切れずに捨てる羽目になったこともあるでしょう。「必要だから」と言いながら、無駄なものを買っていないか、もう一度チェックしてみてください。

問題は、「銀の箱」に入ったものです。「銀の箱」は、LOVEだけどNEEDではないもの。大きく支出を削れるとしたら、この箱の部分です。

「LOVEなものを削るのは、ちょっと……」

何もすべて削れと言っているわけではありません。まずは限度額を決めることから始めましょう。

はじめに、「金の箱」と「灰色の箱」のものをチェックして、本当に必要だと判断したものの額をあなたの収入から引きます。その中でも、毎月必ずNEEDとなる費用（家賃、光熱費など）の額は、ほぼ固定されると思います。

そして、残ったお金から、毎月の貯金額を決めます。最後に余った額が、「銀の箱」として自由に使えるお金になるわけです。

「なんだかちょっぴりしか残らなそうね」

当たり前のことですが、収入よりも支出が多くなれば、赤字になってしまいます。それではお金が貯まらないどころか、借金をしなければいけない事態に陥ります。

節約は苦痛でしかないと思うかもしれませんが、この「4つの箱貯蓄法」のポイントは、少額ではあっても、ちゃんとLOVEなものに予算を割り振ることができる点です。

さらに、ちゃんと貯蓄ができるのですから、これほど確実な方法はありません。

たとえ、すぐに高額なものは買えなくても、「三カ月貯めて、あれを絶対に買う！」

といった目標を持って頑張れば、必ず達成できます。ぜひトライしてみてください。

ケーススタディ⑥

一人暮らしの独身女性に一カ月の支出を仕分けしてもらいました

LOVE

LOVE & NO NEED

- 洋服代（3万円）

LOVE & NEED

- 交際費（2万円）
- 化粧品代（1万円）

NEED

黒

NO LOVE & NO NEED

NEED & NO LOVE

- 家賃（8万円）
- スマホ代（2万円）
- 光熱費（1.5万円）
- 食費（8万円）
- 日用品（0.5万円）
- 雑費（0.5万円）

20代後半で一人暮らしのFさん（女性・独身）は、生活が厳しいと嘆いています。

「毎月赤字になってしまいます。なんとかボーナスで取り戻している、といった感じです。貯金もできませんし、もしボーナスが出なくなったらと思うと不安ですね」

そこで、一カ月の支出を4つの箱に仕分けしてもらいました（ここではわかりやすくするために、項目を単純にし、金額も概算にしています）。

彼女の手取りは、24万円。一カ月の支出を合計してみると、26.5万円になります。確かに赤字ですね。

「黒の箱」に入るものはありませんでしたが、いくつか削れそうなところがあります。まず「灰色の箱」にあるスマホ代。かなりヘビーユーザーのようですが、もう少し料金プランを見直してみたほうがいいでしょう。

また食費も、外食が多いためか週2万円（月8万円）も使っています。ここも削れそうですね。次に「銀の箱」の洋服代です。買い物が唯一の趣味というFさんですが、もう少し減らすべきだと痛感したようです。

「4つの箱にレシートを仕分けすることで、何にどのくらいのお金を使っているかが明確になりました。我慢するところ、削るべきところもわかってきました。とりあえずは赤字にならないようにして、ボーナスは貯金に回せるようにしたいと思います」

苦しい生活から抜け出せる日も、そう遠くはなさそうです。

第6章

LOVEとNEEDで夢をかなえる

これまでに達成したことを書き出す

楽しかったこと、嬉しかったこと、
誇りに思ったことを書き出してみよう。

自分の夢がまだつかめないあなたへ

最終章である第6章では、今まで行ってきたことをベースにして、いよいよあなたの夢を実現する方法を教えます。

人生において最も幸せなのは、夢を持つことではないでしょうか。さらに言えば、夢を追いかけているときのほうが幸せかもしれません。

夢はかなってしまえば終わりですが、追い求めているときは、夢はまさに夢のままです。その夢がかなえば、また次の夢を見つければいいわけですが、それは常に夢を追いかけている状態とも言えます。

「ちょっとちょっと！　さっきから夢、夢って言ってるけど、そもそも夢なんてないんだけど」

おそらく、自分の夢がなんなのかよくわかっていない人が、ほとんどではないでしょうか。だからこそ、この最終章では、夢を見つける方法、夢をかなえる方法を一緒に考えていきたいと思います。

まずは、これまでにあなたが達成したことを、262ページに書き出してみてください。

第4章では、仕事で一番楽しかったことを思い出してもらいました。ここでは仕事に限らず、どんなことでもいいので、あなたが楽しかったこと、嬉しかったこと、誇りに思ったことを書き出してみてください。

たとえば、次のようなこと……。

・学生時代のこと

テストで100点を取った／運動会で一位になった／鉄棒で逆上がりができるようになった／作文コンクールで入賞した／文化祭で中心的な存在になった／学級委員長を任された／人一倍勉強した／志望校に合格した／部活を3年間頑張った／大学受験で努力した／ゼミのレポートで先生に褒められた／バックパックで海外を旅行した／友だちとイベントを成功させた／サークルで部長を任された／就職活動で内定をもらった／卒業論文を評価された／アルバイトを頑張った／ボランティアに参加した／素

敵な恋人ができた／バンドを結成してライブができた／なんらかの大会で優勝した

・社会人になってからのこと

はじめて任された仕事をうまくこなせた／自分の企画が通った／会議での発言にみんなが賛同してくれた／ノルマを達成できた／給与が上がった／ボーナスをもらった／社長賞をもらった／昇進した（部下ができた）／望んでいた部署に異動になった／新しい取引先を開拓した／商品やサービスが大反響を呼んだ／素晴らしい仲間と仕事ができた／難しい案件をクリアできた／お客さまが喜んでくれた／上司の信頼を勝ち取った／勉強会の幹事をした／また一緒に仕事がしたいと言ってもらえた

キング・オブ・LOVE&NEEDに秘められたもの

かなり多めに例を挙げてみました。あなたにも、どれか当てはまるものがあったのではないでしょうか。

これらは、いずれも4つの箱で言えば、「金の箱」に入ることですよね。中にはLOVEだけのものもあるかもしれませんが、貴重な達成感を味わえたのであれば、あなたの人生に大きな影響を与えたはず。きっとNEEDも加わっているに違いありません。

「思い出すだけでテンションが上がるわ」

自分が達成したことを思い出すだけでも、ふつふつと自信が芽生えてきますよね。

では次に、これらの中から、あなたのベスト5を選んでみましょう（5つより少なくても大丈夫です）。

おそらく、このベスト5の中に、あなたの夢が眠っているに違いありません。その延長線上に、あなたの進むべき道があるのです。そのときの感情をもう一度味わうこと、いや、もっと大きな喜びを味わうことが、あなたの次なる夢や目標につながっていきます。

なぜなら、それはLOVE&NEEDの中でも、キング・オブ・LOVE&NEEDだからです。

あなたの人生の夢、つまり最終目標は、このキング・オブ・LOVE&NEEDに隠されているのです。

LOVEとNEEDで夢をかなえる

人生で本当に得たいものを見つける

あなたの心に隠された本当の願い

先ほど、あなたの人生で、最も達成感を味わった出来事を5つに絞り込んでもらいました。

ここでは、そのベスト5から、あなたが人生で本当に得たいものを探っていきたいと思います。

たとえば、Gさんが選んだものは「部活の部長を務めた」「友だちとイベントを成功させた」「自分の企画が通った」「ヒット商品を生み出した」「気の合う仲間と素晴らしい仕事ができた」の5つだったとします。

この5つに共通することは、いったいなんでしょうか?

「う〜ん、自分が中心になって、大きなことを達成する……?」

簡単に言えば、そういうことですね。世の中に影響力を与えたい。その中心に自分がいて、周りには気の合う仲間がいる。おそらくGさんはそういうことに、この上ない喜びを感じるのだと思います。

Gさんは「多くの人に影響力を与えて、周りの人から賞賛されたい」という思いが強いのではないでしょうか。

他の例も考えてみましょう。Hさんの選んだものは「ボランティアに参加した」「お客さまに喜んでもらえた」「みんなが幸せに仕事ができた」「同僚の手伝いをして感謝された」「バックパックで海外を旅行した」の5つだったとします。

このHさんの場合、共通することはなんでしょうか？

「今度は簡単ね。人の役に立ちたいってこと」

その通りです。Hさんは自分の成功よりも、他人を応援するほうが好きなのかもしれません。おそらく、他人の幸せは自分の幸せと思うような人ではないでしょうか。

バックパッカーとして旅行したことは、直接的な関係はなさそうですが、世界中を見て回ったことで、貧しい国のために役立つことがしたいという思いが強くなった可能性もあります。

Hさんにとっては「他人のためになる仕事をして、多くの感謝を得たい」というのが、人生で本当に達成したいものということになるでしょう。

このように、これまでに達成したことを思い出し、ベスト5に絞った上で、その裏側に共通する感情を探し出せば、あなたが本当に得たいものを見つけることができるのです。

それこそがあなたにとって、人生の最大の喜びになるのではないでしょうか。

◆死ぬときに後悔したくないこととは？

また別の方法として、「死ぬときに後悔したくないこと」を考えてみるのもいいでしょう。

あなたがまだ達成していないことで、このまま死んでしまったら後悔するものとはいったいなんでしょうか？　4つの箱に当てはめて、考えてみてください。

「素敵な恋人が欲しいわ」

そういうことでも……まぁ、いいでしょう。他にも、「世界中を旅したい」「豪邸を建てたい」「本を出したい」「南の国で暮らしたい」「尊敬される役職に就きたい」「その道の第一人者になりたい」と考えた人もいると思います。

「豪邸を建てたい」というのは、もっとお金を稼ぎたいということですし、「本を出したい」「尊敬される役職に就きたい」「その道の第一人者になりたい」というのは、多くの人から認められたいということですね。

「世界中を旅したい」「南の国で暮らしたい」というのも、お金を稼いで早くリタイアしたいということかもしれませんが、ひょっとしたら自分らしい生き方をしたいということかもしれません。

このように、あなたが死ぬときに後悔したくないことを考えれば、あなたが人生で本当に得たいものが自ずと浮かび上がってくるはずです。

最初は抽象的なことでもいいので、「なりたい自分」の輪郭をぼんやりと思い描くことができたら、次のステップに移りましょう。

あなたの夢をかなえる道標（みちしるべ）を見つける

GOAL

START

夢を見つけるために、すべきこととは？

どうでしょう。あなたの夢の輪郭が、少しずつ現れてきたのではないでしょうか。

次に、その輪郭をはっきりさせ、より具体的なものにしていきたいと思います。

たとえば、あなたが漠然と「人から尊敬されるようなことをしたい」と思っていたとします。でも、具体的にどうすればいいかわからない人も多いでしょう。人から尊敬されるためには、いろいろな方法があるからです。

つまり、**最終目的がわかっていても、その方法と手段は無限に考えることができるわけです。**

「それじゃ、途方に暮れてしまうわ」

そこで考えてほしいのは、「今のあなた」です。まずは、今あなたがやっている仕事、今あなたがＬＯＶＥだと思っていることからスタートします。いきなり新しい自分に生まれ変わることはできませんから、これまでの人生を無駄にせず、今までの経験を活かして、目指すべき方向に向かうのです。

第4章で行ってもらったように、仕事の中からＬＯＶＥ＆ＮＥＥＤなことを選んでスタートしてもいいですし、第5章で述べたように、自分のＬＯＶＥな趣味を発展させてもいいでしょう。

スタート地点が明確になり、あなたが本当に得たいものがぼんやりとでもわかっていれば、後は考えられる方法と手段を思いつく限り書き出していけばいいのです。

その際に利用するのは、言うまでもなく4つの箱です。

重要なのは、近道かどうかよりも、あなたにとってよりＬＯＶＥ＆ＮＥＥＤであること。たとえ遠回りになったとしても、それがＬＯＶＥ＆ＮＥＥＤであれば、辿り着くまでの間も幸せな気持ちでいられるはずだからです。

夢をかなえるための道標をしっかり位置づける

ところで、いきなり残酷なことを言うかもしれませんが、あなたが思い描く夢はかなわない可能性だってあります。

「身も蓋もないことをはっきり言うわね」

当然のことですが、「誰の夢も必ずかなう」とは断言できません。ならば、夢を追い求めることにこそ、幸せを感じるべきではないでしょうか。

それに、その過程を楽しめば楽しむほど、実は夢がかなう可能性は高くなるのです。絶対ではないにしても、「諦めなければ、夢はかなう」は、あながち間違ってはいないのです。

その理由は、「モチベーションが長続きするから」です。もし、あなたにとってLOVE&NEEDでないことを夢として追い求めていれば、すぐに嫌になって諦めてしまうことでしょう。

だからこそ、あなたの夢につながるLOVE&NEEDな過程を明確にすることが重要なのです。

夢に向かう過程を明確にするためには、短期目標を設定することが重要です。

たとえば、最終的なゴールが「より多くの人から認められたい」ということであれば、まずは家族や友だち、同僚といった、自分と近しい周りの人から認められるように頑張りましょう。


それをクリアできれば、少しずつ範囲を広げていけばいいわけです。上司や先輩から認められるようになる。会社の中で認められるようになる。取引先から認められるようになる。同じような志を持った仲間たちから認められるようになる。業界内で認められるようになる。他の業界の人からも認められるようになる。多くのお客さまから認められるようになる。日本中から認められるようになる。

そして、世界から……。というように、あなたの夢はどんどん大きくなり、実現に向かっていきます。

「身近なところから一歩一歩ということね」

そう、いきなり日本中から認められるような存在になるのは難しいですよね。そもそも自分の身近な人から認められていないのに、いきなり他人から認められるようなことは、ほとんどありません。それは、どんなことでも同じです。

ですから、まずは目の前にある小さく短期で達成できそうな目標を設定して、そのために何ができるのかを考えるのです。

それこそ、夢をかなえるための最初の道標です。

LOVEとNEEDで夢をかなえる

自分のミッションを明確にする

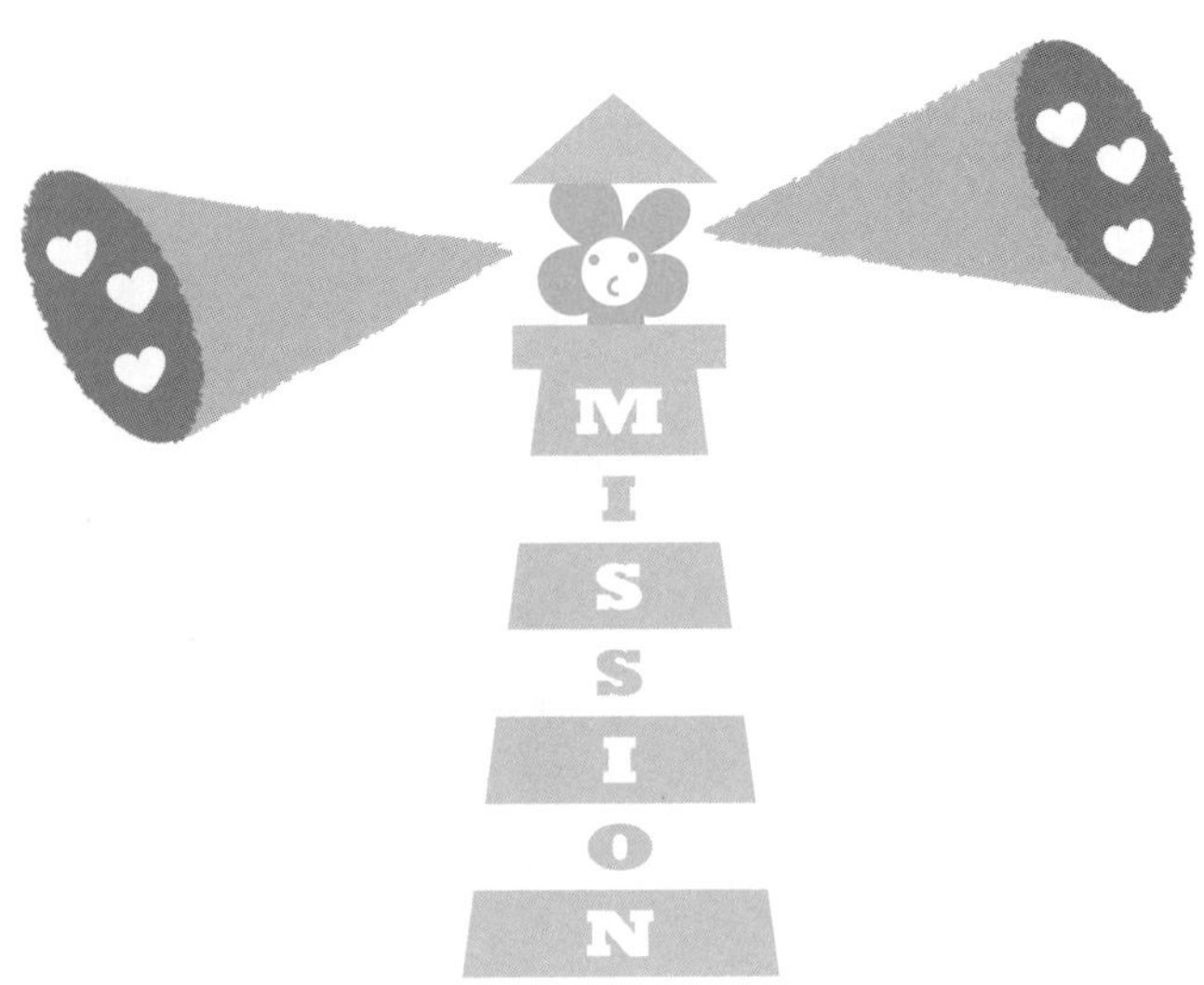

◆自分だけでなく多くの人の幸せを考える

大きな夢をかなえるためには、自分の幸せだけでなく、より多くの人の幸せを考える必要があります。

第4章でも述べましたが、自分一人のためであれば、ちょっと嫌なことがあって挫けそうになったとき、すぐに諦めてしまう可能性が強いからです。

自己中心的な夢は、結局は自分だけのもの。諦めて困るのはあなただけなので、簡単に挫折してしまうのです。

でも、それがより多くの人のためであればどうでしょうか。すぐには諦められないのではないでしょうか。

「いまいちリアリティがないんだけど……」

顔の見えない大勢の人にリアリティを感じられないのならば、あなたにとって大切な人のためでもいいでしょう。

愛する人や自分の子どもの幸せのためであれば、たとえ自分が犠牲になってでも頑張れるのではないでしょうか（もっとも、あなた自身も幸せになるのが4つの箱流ではありますが……）。

最初は自分のため、家族のためであっても、やがて夢がひとつひとつ実現し、広がっていくうちに、より多くの人のため……ということに変わっていきます。

より多くの人のために何かをすることは、個人の夢から、〝ミッション〟（使命や目的）になっていきます。

たとえば、はじめは「お金持ちになりたい」という単純な夢であっても、そのために「多くの人を幸せにしたい」というミッションを設定することは可能です。

世界一の大富豪といわれるマイクロソフト社のビル・ゲイツは、ウィンドウズというソフトで大儲けをしたわけですが、同時に世界中の人の生活を豊かにしたとも言えます。

ひょっとしたら、本人も「世界を豊かにしたい」といった動機が先にあり、お金は後からついてきたのかもしれません。

より多くの人に売れるということは、より多くの人に支持されるということ。それは、より多くの人のことを考え、便利さと豊かさを提供した結果に他なりません。

「確かに、世界の人たちの豊かさや幸せの対価として、お金を得たという感じね」

まさしく、その通りです。人々の幸せの対価によって得られたお金こそが、あなたを幸せにするのです。

宝くじで当たった1億円、他人から騙(だま)し取った1億円、より多くの人を豊かにして得た1億円……。同じ1億円であっても、その価値はまったく異なります。

どの1億円があなたにとって一番幸せかは、言うまでもないでしょう。

あなたが幸せになるためには、より多くの人を幸せにしなければいけない。これは、夢をかなえるための絶対必要条件だと言っても過言ではないのです。

まずはあなたのミッションを明確にする

そこで、あなたの夢がかなったら、世の中がどれほど便利になるか、どれほど豊かになるか、そしてどれほど喜んでもらえるかを、4つの箱に仕分けしながら考えてみてください。

「自分が達成したいことで、他の人にどんな影響を与えられるかを考えるってことね？」

その通りです。株で資産を増やしたいという人であっても、その企業を応援することで社会に貢献することもできますよね。あるいは、株に関する本を出すことで、より多くの人の役に立ててもらうこともできます。もっと直接的に、困っている人を助けたいのであれば、慈善事業を成功させることが目標になりますね。

自分のミッションが確定すれば、生きる意味や人生の道筋が明確になってきます。

繰り返しになりますが、ＬＯＶＥ＆ＮＥＥＤなミッションがあれば、高いモチベーシ

ョンを保つこともできるのです。

それが、より多くの人の幸せに寄与するようなミッションであればあるほど、多くの人があなたの夢をかなえる手伝いをしてくれるようになるでしょう。

夢は自分一人で達成するものではなく、多くの仲間たちと一緒に目指すもの。その喜びが、さらにあなたを強く導いてくれるに違いありません。

やるべき行動を すべて書き出す

◆短期目標を達成するための行動を書き出す

夢とミッション、そして短期目標が決まれば、さっそく行動に移していきましょう。どんなに素晴らしい夢を思い描いても、自ら行動に移さなければ、絶対にかなうことはありません。

行動すれば、必ずそこに新しい世界が見えてきます。当然ながら、はじめのうちは自分が思っていたようなＬＯＶＥ＆ＮＥＥＤな世界ではないこともあります。でも、それは行動してみなければわからないですよね。

なかなかうまくいかない場合は、４つの箱を使って、あなたの短期目標を再び考え直してもいいでしょう。

つまり、行動することは夢に近づくだけでなく、夢の精度を高める役割も果たしているのです。だからこそ、実行力が何よりも大切になってくるわけですね。

「何から行動すればいいかわからない場合は、どうすればいいの？」

その場合も、やはり4つの箱を利用しましょう。短期目標を決めたならば、それを達成するための行動を書き出して、仕分けしていきます。

たとえば、「上司から認められる存在になる」という短期目標であれば、そのために起こす行動を4つの箱に入れていく。「上司の言われた通りに仕事をする」というのは、残念ながら「灰色の箱」に入るかもしれません。「上司のご機嫌をとる」というのは「黒の箱」でしょうか。「上司が唸るような企画を提案する」というのならば、「金の箱」に入るかもしれません。

このように、ひとつの短期目標であっても、そのために起こす行動の種類はたくさんあります。その中から「金の箱」に入りそうなLOVE&NEEDなことを実行していきましょう。

4つの箱の中に4つの箱をさらにつくる

「それでも、なかなか一歩を踏み出せないかも……」

そうですね。その場合は、ひょっとしたら目先の短期目標が、まだ曖昧なのかもしれません。

先ほどの「上司から認められる存在になる」という目標の場合でも、「上司が唸るような企画を提案する」だけでなく「部内の売上に貢献する」「後輩の面倒を見る」などという手段も考えられます。

これらは、それぞれが短期目標にもなるでしょう。たとえば「部内の売上に貢献する」であれば、そのために取るべき行動を4つの箱に分類していきます。

他の短期目標と重なる部分もありますが、「マーケティングを勉強する」「お客さまからのアンケートを読み直す」「店頭で販売キャンペーンをする」「ソーシャルメディアを使って宣伝する」など、わかりやすい行動に落とし込んでいけば、実行に移しやすいのではないでしょうか。

それでもまだ一歩を踏み出せないのならば、たとえば「マーケティングを勉強する」の場合、「〇〇という本を読む」「まずは有名なマーケターを調べる」といったことまで、より具体的に落とし込んでいけばいいのです。

つまり、４つの箱の「金の箱」の中の項目を、さらに４つの箱に仕分けして具体的にし、最終的に「よし、これならばすぐに行動できそうだ」と確信できるまで、仕分けを繰り返していけばいいわけです。

「４つの箱の中に、また４つの箱をつくるイメージね」

そういうイメージですね。行動できないのは、何もあなたに力がないからではなく、行動するべき事柄が具体的になっていないだけなのです。結局のところ、何をしたらいいかわからなければ、誰も行動に移すことなどできませんから。

４つの箱を利用すれば具体的な行動が明確になりますし、同時にＬＯＶＥかどうか、

ＮＥＥＤかどうかも判断できるので、やらなくてもいいことや優先順位もはっきりします。

どうでしょう？　おわかりいただけたでしょうか？

４つの箱の法則はあらゆる分野で活用することができるだけでなく、楽しく、効率的に夢に向かって歩むための最強のメソッドでもあるのです。

LOVE&NEEDで
モチベーションを保つ

◆モチベーションを長続きさせる秘策とは？

昨日は「よし！　やってやろう！」と思っていたのに、なぜか今日は力が湧いてこない……。あなたにも、そういう経験があるのではないでしょうか。

「そうなのよ。やる気って長続きしないものなのよね……」

まず知っておいてほしいのは、モチベーションを永遠に維持することは誰にもできないということ。

サボりたいと思うこともありますし、ついつい自分に甘くなってしまうこともあるでしょう。

それは万人に共通することですが、そのまま放置してしまうと、自然と夢から遠のいてしまいます。成功した人が他の人と違うのは、まさにここ。成功者というのは、モチベーションが下がるときがあっても、再び熱い炎を燃やすことができる人なのです。

そういう意味でも、モチベーションを保つことが、夢をかなえるための最大の課題と言っても過言ではないでしょう。

そもそも夢をかなえるための道のりは、マラソンのようなもの。それも100キロマラソン並みの途方もない距離です。

途中でエネルギーを補給しなければいけませんし、ときには休憩も必要です。調子良く走るときもあれば、ゆっくりと歩くときもあります。

スタートからゴールまで、100メートル走のように全力でかけ抜けることは、どんな超人でも不可能です。最初からゴールに向かって飛ばし続けたら、途中でリタイアしてしまいます。でも「あそこまで頑張って走ろう」といった具合に、目に見える目標をひとつひとつクリアしていけば、いつの間にかゴールが目の前に迫っているかもしれません。

「だから、短期目標が大事って言ったわけね」

そうです。短期目標がなければ、夢を達成するまでの距離があまりに長すぎて、自分がどこを走っているのか見失ってしまうこともあります。

また、あなたや社会を取り巻く環境は時々刻々(じじこっこく)と変化しているのですから、目標の修正も行わなければいけません。

短期目標がはっきりしていれば、何が起こっても臨機応変に対処しやすいのです。そして、短期目標がLOVE&NEEDであればあるほど、モチベーションをより長く保つことができます。

それでも、ずっとモチベーションを維持し続けるのは至難の業。そんなときは、「夢を書き出した4つの箱を貼っておく」「毎日LOVE&NEEDな言葉を自分に語りかける」などの方法を考えてもいいでしょう。

また、あなたのモチベーションのスイッチがどこにあるのかを、自分で知っておく

ことも大切です。なぜやる気になったのかを分析しておけば、何度も再現できるというものです。

逆境にこそ大活躍する４つの箱の法則

「でも、立ち直れないようなことも起こるんじゃない？」

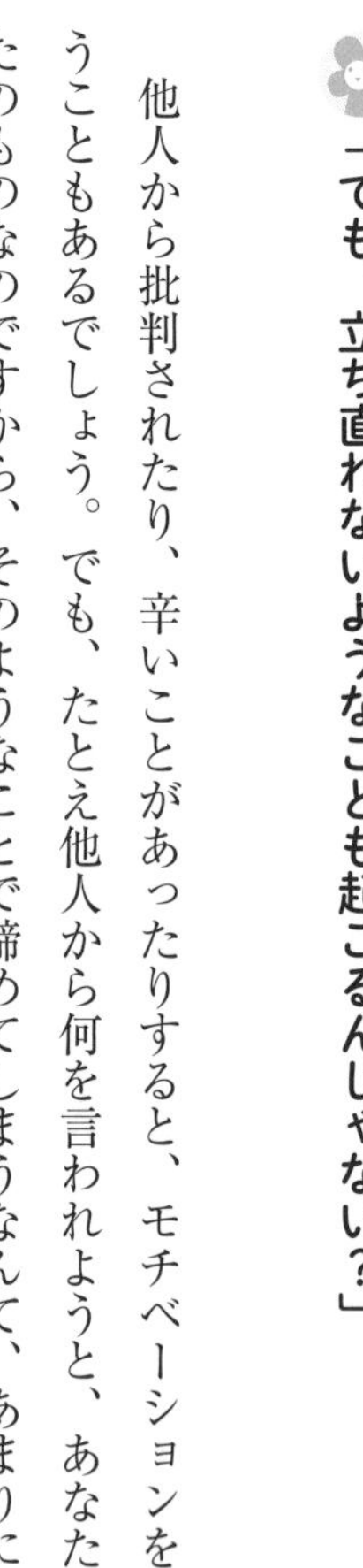

他人から批判されたり、辛いことがあったりすると、モチベーションを失ってしまうこともあるでしょう。でも、たとえ他人から何を言われようと、あなたの夢はあなたのものなのですから、そのようなことで諦めてしまうなんて、あまりにもったいないと思いませんか？

そんなときこそ、４つの箱が大活躍します。逆境に陥ったときほど、現状を事細かに４つの箱に分類してみるといいのです。

批判や挫折のほとんどが、おそらく「黒の箱」に入るような内容ではありませんか。自分にとってLOVEでもなければNEEDでもないようなことで、心身を疲弊させる必要はありません。

逆境だと思っていたものの正体が、「黒の箱」に入ることだとわかれば、たとえ辛いことを言われても、右から左にスルーすることができます。

あなたの前に立ちはだかる最大の難関——逆境を乗り越えてこそ、夢はかないます。

そのために、この４つの箱の法則は生まれてきたとも言えるのです。

4つの箱の法則で、素晴らしい人生を！

本書では、4つの箱を通じて、人間関係を良くする方法、仕事が楽しくなる方法、生活を豊かにする方法、夢をかなえる方法などを述べてきました。

その根底にあるのは、あなたが幸せになること。そのために4つの箱を利用するわけですが、すべてに共通する大切な法則を最後にまとめておきたいと思います。

1. 今の幸せに気づくこと
2. LOVEとNEEDの軸を常に持つこと
3. 「黒の箱」（LOVEでもNEEDでもないこと）を空にすること
4. 「金の箱」（LOVE&NEEDなこと）を大きくすること

この4つのことを意識すれば、あなたの毎日はLOVE&NEEDなものに変わるはずです。その先には、素晴らしい人生が待っているに違いありません。

4つの箱の法則とは、あなたの人生を仕分けすること。**「やらないこと」と「本当にやるべきこと」をはっきりさせるためのツールです。**

それは「人生の家計簿」とも言えます。

LOVE&NEEDの貯金を増やして、LOVEでもNEEDでもない不必要な支出を減らす。そうすれば、あなたの「幸せ資産」はどんどん膨れ上がるでしょう。

人生には、「あのとき、◯◯をしておけばよかった」「なぜもっと早く◯◯をしなかったのか」と後悔することがあります。その主な原因は、忙しさなどを言い訳にして、本当に大切なことに気づかなかったからではないでしょうか。

今日の選択が、明日の自分をつくります。毎日の選択の積み重ねが、1年後の自分をつくります。1年分の選択が、10年後の自分をつくります。

すぐにでも、4つの箱であなたの人生を仕分けしてみたくなりませんか?

何か悩みごとがあるのならば、その悩みを4つの箱に仕分けすることも可能です。

達成したいことがあるのならば、そのための方法を4つの箱に仕分けすることもできます。

それだけでなく、ありとあらゆることを4つの箱で仕分けし、その答えを導くことができるのです。

つまり、4つの箱は、あなたの人生の道標であり、共に幸せな人生を送る大切なパートナーでもあるのです。

さあ、あなたも4つの箱の法則で、幸せを手に入れる最高に楽しい旅をスタートさせましょう！

「やらないこと」を決めよう。

発行日　2021年7月6日　第1刷

編者　アスコム編集部

本書プロジェクトチーム

編集統括	柿内尚文
編集担当	村上芳子
編集協力	森秀治、池田秀子、小林謙一
デザイン	鈴木大輔、江﨑輝海、仲條世菜（ソウルデザイン）
カバーイラスト	朝野ペコ
本文図版	小久江厚（ムシカゴグラフィクス）
DTP	G-clef
校正	東京出版サービスセンター
Special thanks	高野幸生、畠山浩樹
営業統括	丸山敏生
営業推進	増尾友裕、綱脇愛、大原桂子、桐山敦子、矢部愛、寺内未来子
販売促進	池田孝一郎、石井耕平、熊切絵理、菊山清佳、吉村寿美子、矢橋寛子、遠藤真知子、森田真紀、大村かおり、高垣知子、氏家和佳子
プロモーション	山田美恵、藤野茉友、林屋成一郎
講演・マネジメント事業	斎藤和佳、志水公美
編集	小林英史、舘瑞恵、栗田亘、大住兼正、菊地貴広
メディア開発	池田剛、中山景、中村悟志、長野太介、多湖元毅
管理部	八木宏之、早坂裕子、生越こずえ、名児耶美咲、金井昭彦
マネジメント	坂下毅
発行人	高橋克佳

発行所　株式会社アスコム

〒105-0003
東京都港区西新橋2-23-1　3東洋海事ビル
編集部　TEL：03-5425-6627
営業局　TEL：03-5425-6626　FAX：03-5425-6770

印刷・製本　中央精版印刷株式会社

Printed in Japan ISBN 978-4-7762-1129-7

本書は、2015年3月に弊社より刊行された『スッキリしない人生を整理する！4つの箱の法則』を改題し、一部加筆・修正したものです。